SOMMAIRE

Introduction

La vie du Bouddha

Une enfance protégée 7 Une révolution intérieure 9 L'éveil spirituel 10
Moines, moniales et laïcs 13 Création d'un canon bouddhiste 18

Trois Véhicules pour un seul chemin

Le Théravada, une voie extérieure 22 Le Mahâyana, une voie intérieure 23
Le Vajrayana, une voie intime 27 Diffusion 28 Les enseignements fondamentaux 31
Les six vertus transcendantes 39 Le soi et le vide 43

Être bouddhiste

Le refuge 47 Dans la vie courante 54 Le maître 62 La méditation 77 Vivre et mourir 88
Le défi de l'Occident 108

Conclusion 113

Glossaire 118

Bibliographie 121

Les mots ou expressions suivis d'un astérisque renvoient au glossaire en fin de volume.

ISBN : 2-259-20382-5

découverte du bouddhisme

Laurent Deshayes

Petite bibliothèque des spiritualités

Collection dirigée par Frédéric Lenoir

PLON

introduction

Tout livre traitant du bouddhisme est un défi. En effet, l'enseignement délivré par le Bouddha il y a plus de 2 500 ans est d'abord un enseignement oral transmis de maître à disciple. Cette transmission est fondée sur l'écoute, la compréhension et l'expérimentation. Sans ces trois attitudes, aucun progrès n'est possible. Ce livre n'a donc pour but que de donner des informations simples à un lecteur intéressé qui voudrait connaître les rudiments du bouddhisme.

Une religion, une philosophie ? Impossible de trancher car ces mots correspondent à des définitions occidentales. Force est de trouver une autre manière de l'aborder : voie intérieure, spiritualité, science expérimentale de l'esprit…

Quelques maîtres bouddhistes sont mondialement connus, comme Thich Nhat Hanh, le Vietnamien, ou le Dalaï-Lama, le chef d'État tibétain exilé, tous les deux apôtres de la non-violence. Des personnages très médiatiques comme l'acteur nord-américain Richard Gere parlent clairement de leur engagement spirituel. La société n'est pas en reste et elle s'est emparée de cette voie : aujourd'hui, il faut avoir une « zen attitude », faire avec son « karma* », et la méditation semble se banaliser, au point qu'elle s'intègre dans les formations des grandes entreprises, au même titre que les techniques de vente les plus agressives, le saut à l'élastique ou le chant choral.

Mais au fond, de quoi parle-t-on ? En s'implantant dans les sociétés occidentales depuis les années 1970, ne serait-ce pas plutôt une certaine idée du bouddhisme qui s'est propagée, une idée que l'Occident a lui-même créée ? En bref, lorsque

l'on parle de karma, s'agit-il bien du karma tel que le bouddhisme le définit ?
Qui était le Bouddha, qu'a-t-il dit, comment définissait-il la vie spirituelle ? Quelles sont les caractéristiques fondamentales du bouddhisme ? Sur quels principes repose-t-il ? Que veut dire « être bouddhiste » ? Que signifient les termes que la société lui a empruntés ? Plutôt que de se lancer dans une grande explication philosophique, mieux vaut certainement tenter une réponse à ces questions en la formulant le plus simplement possible.
Un point semble important à soulever en préambule. Si le bouddhisme se situe à la fois dans le domaine religieux et dans le domaine philosophique, il est sûr qu'il n'est pas une psychothérapie. Les réponses qu'il apporte ne sont pas celles de la psychanalyse et certains écueils, certaines frustrations ne peuvent être réglés par la méditation. Plusieurs maîtres contemporains, au fait de la psychologie occidentale, ont mis en avant ce qui paraît une évidence : pour remettre en question le « soi », il faut d'abord que le narcissisme, au sens psychanalytique, soit bien ancré.

La vie du Bouddha

La spiritualité bouddhiste est indissociable de la vie du Bouddha. Que sait-on de lui ? La légende se mêle à l'histoire. Il est né dans la famille des Shâkya, il y a un peu plus de 2 500 ans, aux confins de l'Inde et du Népal actuel. Son père dirigeait un de ces petits royaumes qui jalonnaient les contreforts de l'Himalaya, dont la capitale était Kapilavastu.

UNE ENFANCE PROTÉGÉE

La tradition rapporte que, dès sa naissance, on prophétisa qu'il était destiné à un grand avenir : les faits ayant accompagné cet événement montraient qu'il serait un roi très puissant ou un maître spirituel extraordinaire. Son père préféra voir en lui un successeur brillant et fit en sorte que Siddharta se satisfît de sa vie princière. Le roi entretint donc l'illusion d'une vie parfaite dans l'enceinte du palais, exempte de toute douleur. Les malades, les fleurs fanées, tout ce qui rappelait le caractère imparfait de la vie était soigneusement écarté du regard du jeune prince.

Page de gauche : la naissance du Bouddha (temple de Yongju, Suwon, Corée-du-Sud).

La naissance du Bouddha

« Toutes les splendeurs de Candra, de Sūrya, d'Indra et de Brahmā furent éclipsées. Par une lumière ayant l'éclat de cent mille couleurs, d'un contact très agréable et produisant
le bien-être dans le corps et l'esprit de tous les êtres, surpassant celle du monde, la réunion des trois mille milliers de mondes fut éclairée de tous côtés. Aussitôt que le *bodhisattva** fut né,
tous les êtres furent emplis d'une extrême félicité.
Tous furent délivrés de la passion, de la haine,
de l'ignorance, de la tristesse, de l'abattement,
de la crainte, de l'envie et de la jalousie,
et toutes les actions contraires à la vertu cessèrent. »
Lalitavistara sutra, chap. 7.

Le futur Bouddha vécut dès lors dans l'oisiveté, il se maria, eut un fils, mais sa curiosité le poussa à savoir ce qui existait en dehors du palais. À vingt-neuf ans, Siddharta décida de découvrir le monde hors de sa prison dorée. Son père, réticent, finit par accepter que son fils fît des excursions dans sa capitale ; toutefois, il donna des ordres pour qu'aucun malade, aucune imperfection ne fussent visibles. La tradition rapporte que, pour déjouer les plans du roi, les dieux usèrent de leurs pouvoirs et se manifestèrent sous la forme d'un malade, d'un vieillard, d'un mort et d'un moine mendiant qui seul semblait connaître la paix intérieure. Le choc s'avéra très violent tant la confrontation avec la réalité fut difficile.

UNE RÉVOLUTION INTÉRIEURE

Bouleversé, Siddharta prit la résolution de quitter définitivement ses proches pour rechercher l'origine de la souffrance qu'il venait de constater. Il fit part à son père de son trouble et de son intention de s'engager dans la vie spirituelle. Face à un refus catégorique, Siddharta quitta le palais secrètement, se coupa les cheveux, se défit de ses vêtements et de ses bijoux, puis entama une vie d'errance.

L'Inde foisonnait de mouvements spirituels, des plus tempérés aux plus extrêmes : les méditants qui étudiaient paisiblement auprès de leur maître côtoyaient ceux qui jeûnaient jusqu'à la mort, ceux qui vivaient sur une jambe, qui ne dormaient jamais, qui ne s'allongeaient pas, qui vivaient suspendus aux branches… Il se lia à cinq moines mendiants avec lesquels il passa six ans à vagabonder et à pratiquer les techniques de méditation et de yoga* qu'il recevait des maîtres rencontrés ici et là. Il appliqua scrupuleusement ce qui lui était

La fuite du prince Siddharta (détail).

enseigné, au point d'arriver à la dernière extrémité. Il donna une terrible description de son état physique après ces six années d'ascèse : « Mes membres, dit-il, devinrent comme les jointures noueuses et sèches du bambou, mes fesses, comme le sabot d'un buffle […]. Si je voulais toucher la peau de mon ventre, je rencontrais, tant l'une était proche de l'autre, ma colonne vertébrale […]. Si je frottais mes membres, les poils, pourris jusqu'à la racine, me venaient dans la main[1]. »

L'ÉVEIL SPIRITUEL

Siddharta comprit que toutes ces pratiques, pourtant riches d'expériences intérieures, n'avaient eu pour résultat que d'affaiblir ses capacités physiques, mentales et spirituelles. Les moyens qu'il avait utilisés l'avaient en fait éloigné de son objectif. Contre l'avis de ses compagnons, qui décidèrent de le quitter pour poursuivre leur vie d'ascèse, il rompit son jeûne. Assis sous un arbre, l'arbre de *bodhi** situé à Bodhgaya (Bihâr), il recommença à méditer avec pour seul objectif de mettre un terme définitif à sa quête.

Son dernier effort dura toute une nuit. Le soleil se couchait à peine que le démon Mâra, incarnant tout à la fois la mort et l'attachement au monde, lança vainement ses troupes contre lui afin qu'il ne s'échappe pas du cycle des morts et des naissances. Siddharta resta totalement insensible à la tempête déclenchée par le démon et ne vacilla pas quand de belles jeunes femmes essayèrent de susciter ne serait-ce que l'esquisse

1. *Majjhima-Nykāya*, 12.

d'un désir chez lui. Mâra fut vaincu. À mesure que les heures s'écoulaient, la méditation de Siddharta se fit de plus en plus subtile et il comprit étape après étape la nature fondamentale de l'esprit. Au matin, il était devenu un Bouddha, le « Vainqueur des trois temps », « l'Éveillé », « l'Œil du monde ».

Il hésita plusieurs semaines : fallait-il répandre l'enseignement libérateur qu'il venait de découvrir ou fallait-il, au contraire, garder pour soi cet état dans lequel il était désormais ? Exhorté par le dieu Brahmâ, il consentit à le propager et partit pour Bénarès (Uttar Pradesh) retrouver ses cinq compagnons qui, percevant qu'il était devenu un Bouddha, devinrent ses premiers disciples.

C'est à Sarnath, non loin de la grande métropole de l'hindouisme, dans le parc des Gazelles, qu'il leur donna son premier enseignement (voir p. 31) qui constituait le fondement de sa pensée, située au-delà des extrêmes de la quête de satisfaction et de l'ascèse. Dès lors, il voyagea dans le nord de l'Inde, dans les régions bordant le Gange et ses affluents, et enseigna sans relâche jusqu'à sa mort, à l'âge de quatre-vingts ans.

L'éveil spirituel (temple de Yongju, Suwon, Corée-du-Sud).

Le Bouddha fut un maître itinérant et il ne construisit aucun monastère, bien qu'il établît un ordre monastique. Quelques riches bienfaiteurs lui offrirent des terres, en général des parcelles boisées où les moines construisaient des huttes, l'ensemble étant assimilé à un « monastère », puis le temps passant ils y firent construire des bâtiments en dur, mais le Bouddha n'y résidait pas plus de quelques semaines par an. Encouragés à suivre son exemple, ses disciples formaient des groupes errants, vivant uniquement d'aumônes. Une fois par an, à la saison des pluies (juin-septembre), une retraite avait lieu dans un « monastère », rassemblant le plus grand nombre de disciples. C'est au cours de cette période que le Bouddha enseignait le plus et saisissait l'occasion qui lui était donnée de rappeler les fondements de sa pensée. De cette manière, les moines qui avaient vécu seuls durant de nombreux mois pouvaient rectifier leur comportement, si besoin était. À sa mort, vers 483 avant J.-C., son corps fut brûlé et ses restes furent divisés en huit parts placées dans huit monuments bâtis dans le nord de l'Inde.

Il laissait derrière lui des centaines de disciples, hommes et femmes, moines, moniales et laïcs, dont les plus importants étaient son cousin Ânanda « le premier à entendre la Parole du Bouddha », Mahâkâshyapa « le premier pour l'ascèse »,

La mort de Bouddha.

Shâriputra « le premier pour la sagesse et l'enseignement », et Maudgalyâyana « le premier pour les pouvoirs surnaturels ».

MOINES, MONIALES ET LAÏCS

La création d'un système de type monastique s'imposa naturellement : pour se consacrer pleinement à la pratique spirituelle, le mieux était de rompre avec une vie sociale ordinaire avec pour seul bagage son renoncement et pour seul but son éveil spirituel. Tout fut donc organisé autour de cette idée centrale qui n'avait rien de révolutionnaire puisque de nombreux mouvements spirituels indiens la partageaient.

Formation de la communauté, le Sangha*

À l'origine, la cérémonie d'ordination était très simple : crâne rasé, vêtu des robes monastiques, mains jointes, l'aspirant prononçait l'engagement du refuge (voir p. 47) devant le Bouddha qui lui rappelait en quelques mots ce que devait être la vie d'un renonçant, chaste, empreinte d'humilité et de simplicité. La communauté allant croissant, le Bouddha délégua rapidement aux moines les plus anciens la possibilité de conférer l'ordination dont la cérémonie, toujours simple, s'enrichit de questions permettant de savoir si l'aspirant était bien apte à intégrer le Sangha.

Fort de ce vœu de renoncement, au début de la communauté, les moines ne possédaient rien d'autre que leurs robes (jupon, robe et châle) et leur bol à aumône. Progressivement, leurs biens se complétèrent avec deux autres vêtements, un rasoir, une aiguille, une ceinture, une ombrelle, un filtre pour l'eau – pour ne pas boire de petits animaux – et des sandales. Hormis ces possessions dont le caractère était uniquement pratique, les membres de la communauté n'avaient rien ; ils ne devaient même pas toucher physiquement l'argent qu'ils pouvaient recevoir en offrande. Ce renoncement s'étendait aussi à la nourriture : elle était mendiée et le moine ne prenait qu'un repas par jour qui devait être fini à midi au soleil. Après quoi, le moine offrait ses restes éventuels aux animaux et consacrait le reste de sa journée à l'étude et à la méditation. Ces principes sont aujourd'hui les mêmes qu'à l'origine.

Différents types d'ordination se mirent en place du vivant du Bouddha ou après, du noviciat aux vœux complets avec dans tous les cas la possibilité de rendre ses vœux et celle de réintégrer la communauté, mais en perdant son ancienneté. Il fut aussi décidé par le Bouddha ou par les assemblées que certains comportements pouvaient conduire à l'exclusion de la communauté,

L'entrée en religion d'un novice.

qu'elle fût temporaire (apporter la calomnie, les querelles, toucher une femme/un homme...) ou définitive (meurtre, vol, relations sexuelles).

Un monde d'hommes

La communauté monastique fut d'abord une communauté d'hommes. À mesure que leur nombre augmentait, de nouvelles situations étaient vécues : problèmes personnels, relations avec les autorités politiques et militaires, les autres moines, la famille, la population, etc. À cela s'ajoutaient les conseils que Shâkyamuni recevait de tel ou tel et le souci qu'il avait de laisser le Sangha en dehors de toute forme de conflit. Son objectif étant l'éveil spirituel, il s'agissait de tout faire pour garantir les meilleures conditions d'existence pour l'atteindre. Il énonça donc des règles au cas par cas, ces règles devant ensuite s'étendre à toute la communauté. L'expérience personnelle du Bouddha, omniprésente dans ses enseignements, servit là encore de support à l'élaboration de ces règles de conduite. Ainsi, son père, le roi Shudodhana, lui reprocha amèrement sa fuite du palais et le désarroi dans lequel il avait laissé sa famille. Shâkyamuni décréta donc que nul ne pourrait prendre d'engagement monastique sans l'accord de ses parents.

Progressivement, une hiérarchie se forma et le mode de fonctionnement de la communauté s'élabora en mêlant deux systèmes qui ont toujours cours aujourd'hui. D'une part, l'obéissance aux premiers disciples du Bouddha s'instaura naturellement. Les anciens (*théra*), c'est-à-dire ceux qui avaient dix ans d'ordination, et les grands anciens (*mahâ-théra*), qui en comptaient vingt, formaient les couches hautes de la hiérarchie interne. D'autre part, des assemblées où chacun avait une voix égale furent instituées. Ces assemblées régulières avaient pour fonction de souder la communauté et de lui rappeler son engagement spirituel ; ainsi, deux fois par mois, avait lieu la grande cérémonie d'*uposatha* durant laquelle les règles monastiques étaient récitées et chaque participant confessait publiquement ses manquements.

Le cas des femmes

Le cas des femmes fut plus délicat. La société indienne était largement sexiste et le Bouddha ne fit rien pour modifier le statut de celles qui devaient être, disait-il, « levées tôt et couchées tard ». Dans le même temps, son enseignement stipulait qu'il n'y avait aucune différence entre les hommes et les femmes, si ce n'était des différences conventionnelles liées aux coutumes, aux traditions... Il y avait donc là un paradoxe. Avec le renfort d'Ânanda, sa nourrice Mahâprajâpati finit par obtenir d'intégrer la communauté monastique. Le vœu initial de renoncement au monde pour atteindre l'éveil spirituel était le même que pour les hommes.

Pourtant, les règles de conduite des nonnes furent rapidement plus nombreuses que celles des hommes, tant leur nouveau statut posait des problèmes ou les mettait en danger en les faisant sortir du cadre traditionnel qui voulait qu'une femme fût promise, mariée, ou veuve. Des nonnes furent violées, d'autres eurent les yeux crevés, d'autres encore furent frappées... Les règles que le Bouddha institua leur apportèrent certes des contraintes (ne jamais sortir seule, se tenir éloignée des hommes, paraître asexuée...), mais elles les mirent à l'abri de la gent masculine. Toujours avec ce souci de ne pas créer

de tensions, la communauté monastique reproduisit l'inégalité alors que le système des castes disparaissait avec l'entrée en religion : une nonne, même ordonnée depuis longtemps, passera toujours après un moine, même ordonné la veille, sauf pour aller aux toilettes…

La situation actuelle a quelque peu évolué avec la diffusion du bouddhisme en Occident. Les progrès se constatent surtout pour les religieuses du Mahâyana* et du Vajrayana* où des nonnes délivrent des enseignements à des hommes, voire à des moines.

L'ordination laïque

Les laïcs demandèrent très tôt à intégrer formellement la communauté sans toutefois abandonner leurs activités. Le premier à qui le Bouddha conféra ces engagements fut un riche marchand de Varanasi dont le fils venait de prendre la robe. Ces vœux laïcs étaient au nombre de cinq : ne pas tuer, ne pas voler, ne pas mentir, ne pas avoir un mauvais comportement sexuel, ne pas prendre d'alcool. Il s'agissait d'une formulation simplifiée, mais explicite, du fondement du renoncement vécu par les moines, hormis l'activité sexuelle.

Nonnes en prière (Angkor, Cambodge).

Par la suite, le nombre de laïcs allant croissant et leurs souhaits pouvant varier, il fut possible de prendre un ou plusieurs de ces engagements. Une position mixte, à mi-chemin entre la vie de moine et la vie de laïc, fut admise : le vœu concernant la vie sexuelle pouvait s'effacer devant un vœu temporaire de chasteté. Ceci ne faisait pas des moines ou des nonnes de ces laïcs mais leur conférait un statut supérieur au laïc simplement ordonné.

La dernière règle, à l'origine, ne concernait que l'alcool puis s'est élargie à toutes les substances qui modifient la perception ; aujourd'hui, logiquement, elle inclut les drogues et le tabac. Même si l'on peut voir dans les pays bouddhistes des moines en train de fumer, cette règle concerne aussi, bien sûr, l'ordre monastique.

CRÉATION D'UN CANON BOUDDHISTE

Le Bouddha n'avait rien écrit. Au lendemain de sa mort, il fut décidé par l'assemblée monastique de consigner tout ce qu'il avait dit. Mahâkâshyapa se chargea d'organiser un premier concile qui se déroula à Râjagriha (l'actuelle Râjghir, dans le Bihâr) qui avait été l'un des principaux lieux de rassemblement pour la retraite de mousson. Les disciples chargés de se remémorer la Parole du Bouddha – cinq cents selon la tradition – consacrèrent plusieurs mois à formuler le plus exactement possible ce qu'ils avaient entendu. C'est pourquoi tous les enseignements débutent par : « Ainsi ai-je entendu », puis sont indiqués le lieu de l'enseignement, qui composait l'auditoire et, assez souvent, les circonstances qui conduisirent le Bouddha à enseigner.

Ces textes, rédigés en pali, la langue littéraire et administrative la plus courante alors, furent d'abord classés en deux grands groupes : ceux traitant de la Discipline* (*vinaya*), c'est-à-dire le cadre éthique de la pratique spirituelle (les règles des moines et des nonnes principalement), dont la rédaction échut plus particulièrement à Upali, et ceux des Discours* (*sutra*), c'est-à-dire des enseignements, dont la rédaction se fit sous la direction d'Ânanda.

D'autres conciles se sont tenus dans les siècles qui suivirent avec pour objectif de régler des problèmes internes liés à l'interprétation des enseignements. Les moines mirent aussi parfois en valeur des éléments visant à démontrer l'omniscience du Bouddha. Le troisième concile (253 avant J.-C.), celui de Pâtaliputra (actuelle Patna, capitale du Bihâr), fut particulièrement important puisqu'on y réunit des enseignements d'ordre philosophique (*abhidharma*) en une seule collection. On évoqua alors les enseignements du Bouddha comme formant les « trois Corbeilles* » (*tripitaka*) : celle de

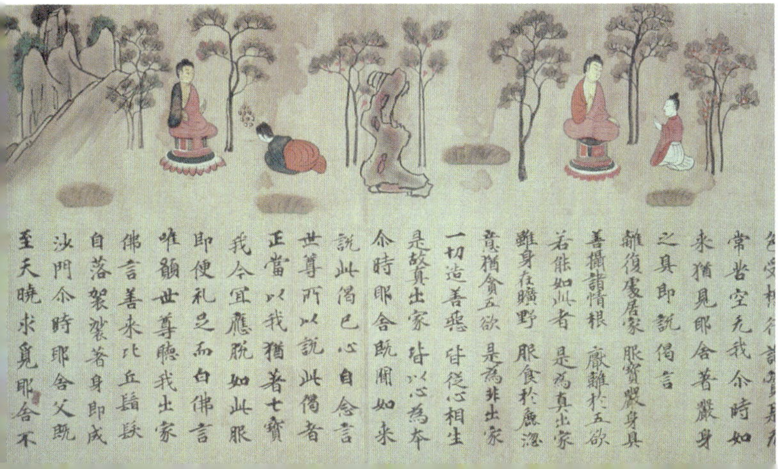

Discours des causes et des effets (détail) (temple Jobon Rendai-ji, Kyoto, Japon, VIIIe siècle).

la Discipline (*vinayapitaka*), celle des Discours (*sutrapitaka*) et celle de la Philosophie (*abhidharmapitaka*).

Il est parfois fait référence aux 84 000 enseignements délivrés par le Bouddha. Ce n'est là qu'une image pour montrer leur caractère complet, chacun pouvant y trouver un élément qui lui permette d'avancer sur le chemin spirituel. Ces trois Corbeilles forment le « canon pali » et c'est dans cette langue, au Sri Lanka, qu'elles ont été préservées.

Jeune moine lisant un texte sacré.

Trois véhicules* pour un seul chemin

Assez rapidement après la mort du Bouddha, des divisions apparurent au sein de la communauté monastique, le Sangha. Ces divisions, au début du moins, étaient naturelles : l'enseignement se transmettant de maître à disciple, des filiations spirituelles se formèrent à partir du tronc commun qu'était le Bouddha et se structurèrent progressivement en écoles. Puis, vers le IIIe siècle avant J.-C., une division plus nette se fit jour lorsque certaines de ces lignées mirent l'accent sur tel ou tel point de l'enseignement. Dans les siècles qui suivirent, les divisions continuèrent avec l'apparition d'autres références fondées sur de nouveaux textes d'enseignements attribués au Bouddha.

Extérieurement, ces écoles sont très différentes ; pourtant, la sève qui les parcourt est la même. Les différences ne concernent pas le fond, qui reste identique, mais la manière de l'aborder. Les systèmes qui se sont mis en place, par leur cohérence, ont formé des unités appelées Véhicules (*yana*). D'un point de vue ultime, il n'en existe qu'un, l'Ekayana, le « Véhicule unique », celui des enseignements en général, mais, en fonction du type de réalisation spirituelle apportée par les pratiques qui sont développées, on en a gardé un nombre variable. Aujourd'hui, il est de coutume de retenir deux grands systèmes : le Théravada* et le Mahâyana. Un troisième Véhicule est souvent évoqué, le Vajrayana ; il ne constitue toutefois qu'un volet du Mahâyana.

LE THÉRAVADA, UNE VOIE EXTÉRIEURE

Le Théravada, ou « doctrine des Anciens », est donc le premier de ces Véhicules. Il se fonde sur les enseignements des trois Corbeilles et la place du Sangha monastique est particulièrement importante, c'est pourquoi il est considéré par certains comme un système « extérieur », l'engagement impliquant de modifier sa manière de vivre. Il existe une graduation de l'éveil spirituel auquel conduit le Théravada selon que le pratiquant a vaincu une ou plusieurs des entraves qui relient au cycle de l'existence ordinaire. L'idéal spirituel est l'état d'*arhat** : toutes les passions, tous les voiles qui recouvrent l'esprit ont disparu et ne reparaîtront jamais. Il ne recherche ni ne rejette l'existence, n'est plus soumis à l'ignorance, au doute, et la croyance en l'existence d'une individualité, le soi, n'existe plus. Il ne subsiste qu'un vestige d'imperfection lié au fait d'avoir une existence physique, l'éveil complet est donc atteint au moment de la mort. Même si une attention réelle pour autrui existe, car les méditations sur les quatre Nobles Vérités (voir p. 32) renvoient à cela, le cheminement spirituel est personnel. L'un de ses fondements est le renoncement. Il ne s'agit pas nécessairement d'abandonner physiquement le monde, mais plutôt ses atours, pour revenir aux besoins naturels et simples de l'existence : s'abriter, se vêtir et se nourrir. Le reste n'est que concession faite au monde et s'y attarder n'a pour effet que de renforcer les entraves spirituelles. C'est la raison pour laquelle le système monastique est valorisé puisqu'un moine ou une nonne

Quelques-uns des 2 600 monuments de Bagan (Myanmar).

ne possède rien, ou presque, et renonce à la vie sociale ordinaire. Leur crâne rasé est une des expressions de ce renoncement et, à l'origine, leurs vêtements faits de pièces de tissu récupérées sur les sites de crémation funéraire illustraient aussi cet abandon du monde. Le Bouddha demanda toutefois à ses moines de réaliser leurs robes avec des pièces de tissu ordinaires tant les risques de propagation des maladies infectieuses étaient importants. Ces hommes et ces femmes sont donc des exemples et les différents types de vœux religieux qui sont prononcés vont dans ce sens de remonter le fleuve des passions formant le terreau de l'existence ordinaire.
Le Théravada se divisa principalement en deux grandes écoles qui finirent par diverger sur la nature même de l'état d'*arhat*. Ses écoles se subdivisèrent à leur tour et, à l'aube de l'ère chrétienne, le Théravada formait un ensemble de plus d'une quinzaine de branches. C'est à cette période qu'un nouveau Véhicule se constitua à partir d'une de ces divisions.

LE MAHÂYANA, UNE VOIE INTÉRIEURE

Le Mahâyana, ou « Grand Véhicule », se structura à l'aube de l'ère chrétienne. Il mit l'accent sur la vacuité et la compassion*. Il s'agissait du développement détaillé de ce qui était déjà exprimé dans les trois Corbeilles du Théravada, comme le Discours sur l'amour universel (*Metta Sutta*) au cours duquel le Bouddha a dit : « Ainsi qu'une mère au péril de sa vie surveille et protège son unique enfant, ainsi avec un esprit sans limite doit-on chérir toute chose vivante. »

Des enseignements attribués au Bouddha, rédigés cette fois en sanskrit et non plus en pali, formèrent un nouveau canon qui, sans être en contradiction avec le canon pali originel, mettait en valeur le personnage du *bodhisattva*. Au contraire de l'idéal spirituel de l'*arhat* du Théravada, l'idéal du *bodhisattva* est d'abord et avant tout de soulager la souffrance d'autrui et c'est dans cette perspective qu'il prononce des vœux spécifiques visant à se consacrer corps, parole et esprit au bien-être de tous. L'ancrage du Mahâyana reste le renoncement et la discipline du Théravada mais sa dimension altruiste est suffisamment importante pour le différencier du premier des Véhicules.

Le champ d'action du *bodhisattva* est infini : de la prière aux arts, en passant par la méditation, le soin ou l'activité professionnelle, toutes les situations sont propices à l'établissement d'un monde meilleur. Même si, d'un certain point de vue, les sentiments positifs sont aussi des causes de souffrances, il est évident que l'on pratique mieux si l'on est débarrassé des soucis matériels et que l'on vit dans un environnement agréable. Le *bodhisattva* œuvre donc aussi dans le sens de l'amélioration de la vie matérielle. D'ailleurs, tout ce qui change positivement l'existence, la médecine en particulier, est perçu comme une manifestation de la compassion des *bodhisattvas*. La pleine réalisation spirituelle est différée volontairement jusqu'à l'anéantissement complet de la souffrance endurée par tous les êtres et l'établissement de chacun dans l'état de bouddha.

Il existe, selon les enseignements, plusieurs niveaux de réalisation de cet idéal. Plus communément, dix « terres » sont décrites ; elles sont en relation avec la réalisation des vertus transcendantes (voir p. 39). La première, appelée « terre de la félicité », n'est atteinte que lorsque l'apprenti *bodhisattva* est entièrement voué au bien d'autrui et que sa générosité est sans aucune arrière-pensée égoïste. Il doit être capable de donner sa vie pour soulager les souffrances, comme le fit le Bouddha lorsque, dans une de ses vies passées, il se laissa tuer par une tigresse afin qu'elle puisse nourrir ses petits. À mesure que le *bodhisattva* progresse sur cette voie, sa capacité à se manifester sous différentes formes et dans différents mondes s'accroît.

De même qu'un moine ou une nonne peut déchoir de ses vœux, le *bodhisattva* peut rompre son engagement s'il abandonne physiquement ou mentalement les êtres, s'il se réjouit de la souffrance endurée par une personne et s'il perd sa motivation par un découragement durable. S'il se considère comme un sauveur de l'humanité, il perd aussi immédiatement sa qualité de *bodhisattva*. L'humilité est en effet une de ses caractéristiques. À cela s'ajoutent d'autres causes de rupture qui rappellent les vœux fondamentaux du bouddhisme : mentir, nourrir de la haine, créer des divisions, critiquer un autre apprenti *bodhisattva*...

Avec le Mahâyana, le système monastique perdit son rôle quasi central et la pratique se laïcisa, quitte à intégrer un panthéon étranger au Théravada. De grands *bodhisattvas* appartenant à la dixième « terre », invisibles au commun des mortels et décrits comme ayant fait partie de l'entourage proche du Bouddha, devinrent objets de dévotion, sources d'inspiration et supports de pratique méditative. Parmi eux, les plus vénérés sont Avalokiteshvara qui symbolise la compassion, Manjushrî représentant la connaissance ou encore Târâ, la *bodhisattvi* libératrice des peines et des souffrances. Plus

proche des croyances populaires et moins austère d'apparence, le Mahâyana connut logiquement plus de succès que son prédécesseur.

Philosophiquement, le Mahâyana développa l'idée d'une voie médiane, non plus seulement liée au comportement comme le Bouddha l'avait énoncée, mais expliquant que la nature de l'esprit était au-delà de la vérité relative et de la vérité ultime. Nagârjuna, le principal promoteur de ce mouvement – dont la vie reste légendaire à bien des égards –, est l'auteur de nombreux textes développant cette idée, particulièrement diffusés en Chine, au Japon et au Tibet.

LE VAJRAYANA, UNE VOIE INTIME

Il est difficile de dire quand est apparu ce dernier Véhicule constituant une branche du Mahâyana. Il se présente comme ayant été transmis exclusivement de façon orale et confidentielle dès l'époque du Bouddha, et ce jusqu'à sa mise par écrit et sa grande période de propagation du VIIIe au XIIe siècle dans le nord de l'Inde.

Bien que présentés de la même manière que ceux du Théravada et du Mahâyana, les enseignements du Vajrayana, le Véhicule de « diamant », furent non plus des discours (*sutra*), qui avaient un caractère public, mais des *tantras**, c'est-à-dire des enseignements secrets où se mêlent techniques physiques et mentales. Les métaphores et les symboles sont très nombreux, au point que les textes ne peuvent être compris sans une explication adéquate. Ces *tantras* se subdivisent en au

Page de gauche : Guan Yin, la représentation chinoise du *bodhisattva* de la compassion.

moins quatre grandes catégories, selon que la pratique est plus ou moins intérieure.

La transmission orale garde donc tout son sens et la relation de maître à disciple ajoutée à l'expérience personnelle trouvent ici une manière d'achèvement car, sans elles, aucun progrès n'est possible.

L'accès au Vajrayana implique d'avoir intégré le renoncement et la discipline du Théravada et l'altruisme du Mahâyana. Son principe est que la réalité de l'esprit, qui est tout à la fois clarté et connaissance, se situe au-delà de toutes les conventions, y compris du bien et du mal. Tout est potentiellement un support de pratique et une source d'éveil spirituel. Ce principe étant particulièrement propice aux erreurs, sa transmission suit des règles extrêmement strictes et de longues années peuvent se passer avant que le maître n'estime son disciple apte à suivre cette voie. Des vœux spécifiques sont alors donnés en fonction de la catégorie de *tantras* transmise.

Les personnages qui atteignent cette réalité ultime peuvent l'avoir fait dans des conditions très diverses. Ainsi, l'idéal du Vajrayana, le *mahâsiddha**, c'est-à-dire le « grand accompli », peut aussi bien être roi, potier, chasseur, prostituée, moine ou marchand.

DIFFUSION

L'enseignement du Bouddha se diffusa tout au long des siècles qui suivirent sa mort. En Inde, il bénéficia de l'appui de l'empereur Ashoka et de son fils (IIIe siècle avant J.-C.)

qui contribuèrent à sa propagation sur l'ensemble du sous-continent, y compris au Sri Lanka. Le bouddhisme suivit les grandes routes marchandes et gagna le reste de l'Asie, de l'actuel Afghanistan à la péninsule indochinoise (Ve-XIIIe siècles) en passant par l'Indonésie (à partir du Ve siècle) et la Chine, où il dut son implantation à Bodhidharma (Ve siècle), lequel plaça la méditation au centre du bouddhisme, donnant ainsi naissance à la philosophie « Chan* ». Après avoir séjourné dans les régions côtières de la Chine, Bodhidharma s'installa dans le monastère de Shaolin, situé à l'intérieur des terres. La tradition relate qu'il resta immobile neuf ans à méditer face à un mur. Cette pratique inspira de nombreux disciples qui contribuèrent à l'implantation du bouddhisme Chan au Japon. Là, il se diffusa grâce, entre autres, à la protection du prince Shôtoku Taishi (VIe-VIIe siècles). L'héritage chinois du Chan se renforça et donna naissance au Zen*. Au XIIIe siècle, le Zen confirma ses liens avec la Chine par l'introduction de la tradition des *koans** (voir p. 114), petites histoires souvent absurdes dont la finalité est de permettre au méditant d'aborder le vide (voir p. 45).

La morale d'un *koan*

Avant que la question soit posée, vous êtes déjà arrivé.
Avant que le premier pas soit fait, vous êtes déjà à la maison.
Eihei Dôgen, *Shinji Shôbôgenzô*, 29e cas.

La dernière grande diffusion asiatique commença aux alentours des Xe et XIe siècles alors que l'islam se répandait dans le nord de l'Inde en détruisant les lieux de culte et les monastères bouddhistes, notamment la grande université monastique de

Nalanda (1199). Le bouddhisme fut préservé dans sa forme originelle au Sri Lanka qui fut épargné par les grands bouleversements que l'Inde connaissait. Il s'implanta au Tibet, où il était déjà connu depuis le VIIIe siècle, puis se propagea dans le domaine mongol à partir du XIIIe siècle par l'intermédiaire des religieux tibétains. Enfin, on peut évoquer une dernière diffusion lorsque, dans les années 1960, il fut introduit en Occident grâce à la conjonction de l'intérêt des jeunes Occidentaux qui parcouraient les chemins de Katmandou et l'arrivée en Europe et aux États-Unis des réfugiés asiatiques fuyant les zones de conflits (Viêtnam, Cambodge, Tibet, principalement).

Si elle a beaucoup évolué au cours des siècles, la carte du bouddhisme se dessine aujourd'hui ainsi : très minoritaire en Inde, le Théravada est présent au Sri Lanka et dans une partie de l'Asie du Sud-Est (Thaïlande, Laos et Birmanie essentiellement) ; le Mahâyana, quant à lui, s'est bien implanté dans le monde himalayen, en Asie du Sud-Est (Viêtnam), en Chine et au Japon ; le Vajrayana, enfin, est présent dans le monde tibétain, dans les régions mongoles et au Japon.

Méditation face à un jardin zen.

LES ENSEIGNEMENTS FONDAMENTAUX

Au nombre des centaines d'enseignements délivrés par Shâkyamuni, quelques-uns sont fondateurs dans le sens où ils forment comme une base à partir de laquelle d'autres enseignements ont été développés. Le premier et le plus important de ces enseignements est aussi le premier chronologiquement : l'enseignement sur les quatre Nobles Vérités que l'on appelle aussi le sermon de Bénarès. Le deuxième, qui s'appuie sur le premier, concerne les six perfections, ou les six vertus dites transcendantes car elles permettent de changer radicalement de perspective et d'aller au-delà des contingences humaines ordinaires.

La voie médiane et les quatre Nobles Vérités

Le premier enseignement du Bouddha était donc destiné à ses anciens compagnons d'errance et d'ascèse. Tous les enseignements délivrés par la suite peuvent être compris comme des précisions, des éclairages différents jetés sur ces premières paroles, ce premier tour de la « roue de l'enseignement » qui constitue donc les fondations du Théravada et du bouddhisme en général.

Les quatre Nobles Vérités

« Alors le Seigneur s'adressa ainsi aux moines : "Moines, c'est parce que nous n'avons pas compris et pénétré le sens des quatre Nobles Vérités que vous comme moi nous avons erré et tourné dans le cycle des naissances et des morts. Que sont ces quatre Nobles Vérités ? En ignorant la Noble Vérité de la souffrance nous avons persisté, en ignorant les Nobles Vérités de l'origine de la souffrance, de la cessation de la souffrance et du chemin conduisant à la cessation de la souffrance, nous avons persisté." »
Mahâparinibbâna Sutta, (Dîgha Nikâya, 16)

Une voie modérée

Il évoqua la nécessité de suivre un chemin au-delà des extrêmes : s'engager dans la voie spirituelle impliquait fondamentalement de renoncer aux plaisirs du monde, mais il ne s'agissait pas pour autant de tomber dans l'excès inverse de l'ascèse. Le pratiquant devait trouver un juste milieu en développant une conscience claire de chaque instant. En cela, le Bouddha se fondait sur son expérience. Jeune prince, il avait pu jouir de tous les plaisirs, mais n'en avait tiré qu'une profonde insatisfaction. Ascète, il n'avait réussi qu'à mettre sa vie en danger. La voie qu'il proposait ne reniait ni ne valorisait l'un ou l'autre comportement, elle se définissait comme modérée.

Bouddha enseignant à ses premiers disciples (Borobudur, Java).

Les quatre Nobles Vérités

Il proclama ensuite les quatre Nobles Vérités : les Vérités de la souffrance, de l'origine de la souffrance, de la cessation de la souffrance et du chemin menant à la cessation de la souffrance. La première question qui vient à l'esprit est pourquoi utiliser ces termes de « Nobles Vérités » ? Il s'agit de vérités car elles constituent la réalité profonde de l'existence et elles sont qualifiées de nobles car, malgré leur caractère dramatique à certains égards, leur portée leur confère un formidable aspect spirituel.

La souffrance

La première de ces Vérités est une évidence et le Bouddha ne fit que décliner les différents types de souffrances que l'on connaît de la naissance à la mort. Cependant, en allant au-delà du constat, il montra qu'il ne fallait pas considérer ces évidences comme fatales. Il faut, une fois que l'on est engagé sur le chemin spirituel, donner un sens à son existence, aborder la souffrance dans une perspective libératrice : la souffrance révèle nécessairement quelque chose et il s'agit de la rendre utile.

La lucidité du regard porté sur la vie ne doit en rien laisser supposer que le bouddhisme est pessimiste. La souffrance est omniprésente mais le bonheur, malgré son caractère fugitif, est une source de joies simples : joie de jouir de ses sens, joie de la liberté de mouvement, joie de partager avec autrui, etc.

L'origine de la souffrance

La deuxième Vérité établit qu'il y a une origine à la souffrance. Nul n'est besoin d'être un grand érudit pour savoir que si l'on se donne un coup de marteau, la douleur apparaît. L'origine de la souffrance, le coup de marteau, est repérée assez vite. Mais si l'on part du principe que le simple fait d'exister, c'est souffrir, il faut faire un effort pour retrouver le marteau.

Cette origine est une ignorance profonde qui a pour conséquence une aliénation au désir : désir de jouir de ses sens, désir d'un devenir, désir d'échapper aux contraintes et à tout ce qui limite ce que l'on estime être sa liberté. En résumé, on peut dire que l'homme ordinaire passe son temps à aller d'un désir à un autre, au point que son existence s'identifie à ce qu'il désire. La souffrance ne se définit donc plus seulement comme un sentiment (j'ai mal..., je souffre de...), mais comme indissociablement liée à la vie. L'insatisfaction qui en résulte est sans fin. Les sentiments les plus nobles, comme l'amour ou la générosité, sont aussi des causes de souffrances par l'attachement que nous pouvons développer à vouloir un bonheur éternel et par l'insatisfaction qui en découle. D'une façon ou d'une autre, notre espace se crispe, se réduit.

La cessation de la souffrance

La troisième Vérité est plus difficile à percevoir puisqu'elle proclame la cessation de la souffrance. Or, pour comprendre que la souffrance peut s'arrêter, il faut auparavant avoir bien intégré les deux premières Vérités : l'existence même de la souffrance et son origine. Une fois ces points acquis, ou au moins intimement compris, certaines souffrances disparaissent naturellement car l'implication dans ce qui nous entoure est plus légère. Cela serait comparable à une machine ; une fois sa finalité et son fonctionnement compris,

Page de droite : la prière peut être une supplication.

il est plus facile de la démonter. On perçoit alors que la souffrance peut avoir une fin. La cessation de la souffrance vient en quelque sorte d'une décontraction de notre espace mental.

L'octuple sentier

La dernière Vérité concerne le chemin qui conduit à la cessation de la souffrance. Le Bouddha expliqua quels étaient les moyens de sortir du tourbillon insatisfaisant dans lequel nous tournons sans cesse. À mesure que les rouages qui produisent la souffrance perdent de leur force, ils sont remplacés par d'autres mécanismes dont la finalité est l'émancipation spirituelle. Ce chemin se décompose en huit segments appelés l'octuple sentier. Ces huit points n'ont pas à être pratiqués l'un après l'autre de manière linéaire ; ils forment un ensemble cohérent où chaque élément contribue au bon fonctionnement des autres.

Tout voyage a toutefois un point de départ. Ici, il s'agit de développer la sagesse au moyen d'une *compréhension* et d'une *aspiration* justes. La compréhension intime des trois premières Vérités permet de prendre du recul vis-à-vis de l'existence, non que l'on se sépare physiquement ou intérieurement d'autrui mais que l'on reste dans une attitude ouverte, sans *a priori*. Une fois cette juste compréhension installée en soi, l'aspiration à se libérer des vraies entraves qui produisent la souffrance se développe. Pour qu'elle soit juste, cette aspiration ne peut être assimilable à un désir (*je* veux que…) mais à une intention profonde, un mouvement intérieur pas nécessairement formulable.

Changer de regard sur la vie n'est pas tout. Il est aussi nécessaire de disposer des outils pour discipliner l'esprit dont le fonctionnement est assimilable au comportement d'un tigre : à la moindre occasion, les habitudes qui nous relient à la vie ordinaire bondissent et refont leur gîte. Face à ces habitudes fondamentales, il est utile d'avoir des règles dont l'objectif est de contrôler puis de dompter le fauve qui sommeille.

La *parole*, les *actions* et la *conduite* générale doivent être justes. Une question bien vaste se pose alors : qu'est-ce qui est juste ? Le Bouddha n'a pas répondu directement. Il est très difficile de savoir si tel ou tel acte est juste car tout dépend des situations vécues. Être juste vis-à-vis de quoi ? Ainsi, mentir est condamné, mais mentir pour épargner la vie d'une personne peut être juste, tout en restant une action fondamentalement condamnable. Pour s'approcher le plus possible d'une situation juste, il faut agir en pleine conscience, en quelque sorte ne faire qu'un avec ce que l'on dit ou fait, et cela en accord avec les grandes lignes de l'enseignement : respecter autrui, ne pas créer de souffrance. Au moins aura-t-on été honnête avec soi-même, même si après coup notre action s'est avérée fausse. Un des moyens pour y parvenir est déjà d'évacuer les paroles et les actes inutiles en se posant une question simple : qu'est-ce j'apporte en disant ceci et en faisant cela ? L'autre grand outil à disposition est la méditation (voir p. 77) qui permet de recentrer l'existence sur ce qui lui est essentiel.

Les trois derniers points de l'octuple sentier sont en relation avec la concentration car, pour être vraiment efficace dans son cheminement, il faut avoir un *effort*, une *conscience* et une *méditation* justes. Comment progresser sans effort, sans une vigilance constante ? Cette attention de tous les instants est

Un chemin spirituel parfois escarpé (sentier dans l'Himalaya).

indissociable d'une conscience claire de chacun de nos actes. La méditation, ou la concentration, est juste si, et seulement si, le recueillement est ancré dans la réalité, ce à quoi contribuent tous les autres points de l'octuple sentier.

Pour être parcouru, le chemin doit donc s'intégrer entièrement à l'existence. Il ne peut être question de prendre ici ou là, de picorer. Il va de soi qu'il est impossible du jour au lendemain d'avoir un tel engagement. Cela demande, lorsque l'on mène une vie sociale et familiale ordinaire, ou même lorsque l'on prononce les vœux monastiques, de longs mois, des années d'application. La sincérité est certainement l'une des clés : les échecs, les faillites, les erreurs se placent alors dans une perspective élargie. S'il est nécessaire d'avoir de la rigueur, il est tout aussi nécessaire d'avoir de l'estime pour soi et de se donner le droit à l'erreur. Le Bouddha a parcouru ce chemin et lui-même a connu des hésitations, a chuté dans des ornières. Celui ou celle qui s'engagerait sur ce chemin sans estime pour soi irait immanquablement à la frustration et, à terme, à l'échec. La lecture des discours et des biographies permet de voir que tous les pratiquants ont été, à un moment, des gens ordinaires et qu'ils ont été confrontés à des situations qu'ils n'ont pas nécessairement su aborder avec sagesse. Puis, chemin faisant, leur existence s'est dégagée des habitudes qui, dans le fond, étaient à l'origine de souffrances. C'est une source d'inspiration sur le chemin.

LES SIX VERTUS TRANSCENDANTES

Les pratiquants du Théravada arpentent l'octuple sentier, c'est là que se situe leur pratique spirituelle. Pour les pratiquants du Mahâyana, le chemin se poursuit avec les six vertus transcendantes. C'est donc sur de solides fondations que l'idéal du *bodhisattva* peut commencer à se réaliser. Pour la tradition, cela constitue le « second tour de la roue de l'enseignement ».

La notion de transcendance reprend l'idée maintes fois déclinée par le Bouddha dans les trois Corbeilles, celle de « l'autre rive ». Celui qui reste dans le monde, qui persiste à créer les causes de la souffrance vit en deçà, dans cet univers mouvant qu'est l'océan de la souffrance. Celui qui parcourt le chemin spirituel va au-delà, vers l'autre rive, la terre ferme de l'esprit. Le *bodhisattva* a un objectif double : traverser l'océan de la souffrance, donc atteindre la terre ferme, et aider tous les êtres à gagner la stabilité qu'elle représente. Ses armes pour réaliser cet objectif, car le *bodhisattva* est parfois comparé à un guerrier, sont les six vertus transcendantes.

les 6

La générosité

La générosité est la première de ces qualités. L'octuple sentier permet une démarche individuelle fructueuse. Grâce à lui, le pratiquant réalise pour lui-même ce qu'est la nature de l'esprit. La générosité est par définition une ouverture vers autrui. Le *bodhisattva* ayant pour objectif la libération de tous les êtres, il est logique que la générosité soit la première des vertus qu'il doive développer. Cette générosité a de multiples manifestations : donner la vie, donner de la nourriture, un abri… Pourtant, la générosité la plus grande est le don de l'enseignement spirituel car il permet la libération complète de toutes les souffrances.

L'éthique

La deuxième vertu est la discipline dans le sens de morale ou d'éthique. Si l'on veut réaliser l'objectif que l'on a, il est nécessaire d'avoir un ancrage moral solide et profond. Comme le *bodhisattva* n'est pas nécessairement un religieux ordonné, cette vertu est comme un rappel de la discipline qui prévaut dans le Théravada. Cette morale s'étend au corps, à la parole et à l'esprit.

La patience

La patience est la troisième des vertus transcendantes. L'action du *bodhisattva* ne se situe pas dans le court terme.

Compte tenu du concept de la réincarnation, l'évolution vers l'éveil peut s'accomplir en quelques vies comme en quelques millions. L'aide n'est pas toujours applicable dans l'immédiat, il ne faut donc pas insister ; attendre permet alors de renforcer les souhaits altruistes que l'on formule. En outre, le *bodhisattva* apprenti n'est pas omniscient : se dire « je sais ce qui est bon dans telle situation... ; c'est pour son bien que j'agis... » est seulement l'indice d'un grand orgueil et peut lui faire perdre ses engagements. En effet, en se considérant comme capable de discerner pour autrui le Bien du Mal, le *bodhisattva* ne fait qu'appliquer sur l'autre les voiles et les distorsions qui sont les siens. La patience va de pair avec l'humilité. Cette vertu est en relation avec l'acte juste de l'octuple sentier et les mêmes interrogations existent pour le *bodhisattva* : agir parce que c'est nécessaire, mais à partir de quel moment l'action est-elle juste ? C'est pourquoi la patience permet aux choses de mûrir selon leur propre rythme sans aucune interaction.

L'effort

La quatrième des vertus, l'effort énergique, la persévérance, découle naturellement de l'aspiration du *bodhisattva* : soulager les souffrances sans répit. Il est impossible de réaliser ce chemin sans effort, sans constance et sans une application de tous les jours. En un mot, le *bodhisattva* ne se repose jamais, il ne prend jamais de vacances ; chaque instant qui passe est

Mendiante (Myanmar).

pour quelqu'un, quelque part, synonyme de souffrance. Agir avec zèle ne signifie pas que l'on fasse physiquement quelque chose : prier, émettre des souhaits sont aussi des moyens d'action efficaces.

La méditation et la sagesse

La méditation et la sagesse sont les deux dernières vertus. Par la méditation, comme dans le Théravada, le *bodhisattva* parcourt le chemin intérieur qui, progressivement, lui permet de dégager l'esprit des entraves qui le lient à l'existence ordinaire, conditionnée par l'attachement, l'ignorance, le désir. Les méthodes de méditation sont les mêmes, mais il existe des méditations propres aux *bodhisattvas*, notamment celle de l'échange entre soi et autrui. Suivant une technique respira-

Femme priant devant une statue de Bouddha (Sri Lanka).

toire simple, inspirer et expirer naturellement, le *bodhisattva* absorbe symboliquement la souffrance et donne le bonheur. Cette méditation, outre qu'elle peut se pratiquer à tout moment, permet de laisser l'esprit dans unc disposition généreuse. La sagesse découle de l'ensemble des vertus et ne s'exprime pas autrement que dans la simplicité. Le vide (voir p. 45) inhérent à toute chose se révèle de lui-même.

LE SOI ET LE VIDE

Parmi les points qui caractérisent la pensée du Bouddha, le « soi » et le concept de « vide » sont particulièrement importants. Pour les aborder, il faut, comme à l'ordinaire, observer ce qui nous entoure et notre fonctionnement. En cela, la notion d'interdépendance* peut s'avérer utile pour comprendre des éléments somme toute subtils qui, si l'on n'y prend garde, apporteraient plus de confusion que de clarté. Certains maîtres contemporains hésitent d'ailleurs à utiliser les commentaires des maîtres indiens de jadis sur le sujet car, selon eux et non sans humour, ce sont des sources potentielles

Une des postures de la méditation (Bhoutan).

de connaissance pour ceux qui savent déjà et d'ignorance pour ceux qui n'ont pas encore compris.

L'interdépendance et la notion de « soi »

La réflexion sur la mort et l'impermanence conduit à comprendre l'interdépendance qui relie tout ce qui existe. Sur un plan matériel, l'interdépendance est facilement perceptible. La pomme qui tombe de l'arbre pourrit, mais ce qui la composait nourrit à son tour l'arbre. On retrouve donc dans la pomme des éléments venant des générations précédentes de pommes. Le va-et-vient entre la vie et la mort est permanent. Rien n'échappe à cette dépendance réciproque ; on parle donc d'interdépendance. La forme se transforme sans cesse. Une fois ce constat fait, le Bouddha se posa la question du « soi » : qu'est-ce qui fait dire « je suis » puisque ce qui nous compose n'est qu'un amalgame, une agrégation d'éléments divers qui s'associent momentanément pour se dissocier un jour ?

Pour lui, l'origine de cette vision des choses est l'ignorance fondamentale de la nature vide, spacieuse et claire de l'esprit. Cette ignorance est le point de départ d'une succession d'enchaînements qui, en passant par le fait de percevoir,

L'esprit est comme l'espace, vide et plein, un et multiple.

d'identifier, de nommer, font se cristalliser ce qui à l'origine n'a pas de consistance. À terme se produit l'identification à un « soi » qui fait dire : « Ceci, c'est moi… Je suis… » Le « soi » et tout ce qui en découle sont donc illusoires.

Le vide

Se pose alors la question du vide : est-ce le néant, l'absence complète ? Pour le Bouddha, croire cela serait avoir une vision nihiliste car, au bout du compte, rien n'existerait. En bref, dire que tout est illusion et s'en tenir là reviendrait à nier que le monde existe. Or, il existe. La position présentée comme correcte est de considérer les deux comme justes : le monde est vide en essence et le vide est consistant.

Shâkyamuni a souvent abordé ce point dans les enseignements que l'on retrouve dans le canon pali, mais c'est certainement l'enseignement sur la vertu transcendantale de la sagesse, le *Prajñāparamitā Sutra*, qui est le plus connu (voir encadré). Il appartient aux enseignements du Mahâyana et a largement été diffusé hors de l'Inde sous des formes détaillées ou condensées.

> « Ici, Ô Shâriputra, la forme est vide et le vide lui-même est forme ; le vide ne diffère pas de la forme, la forme ne diffère pas du vide ; tout ce qui est forme est vide, tout ce qui est vide est forme ; il en est de même des sensations, des perceptions, des volitions et de la conscience. »
> Extrait du *Prajñāparamitā Hridaya Sutra*.

Il est possible de comparer cette situation au ciel. Dire qu'il est définitivement noir et que les étoiles y scintillent en permanence est aussi faux que de dire qu'il est éternellement bleu. L'esprit est comme l'espace : sa nature est une, mais son apparence est multiple et sans cesse en mouvement. En un sens, le vide, la vacuité, est autant un néant qu'il est la source de toute chose. Une sorte de page blanche où tous les mots sont potentiellement écrits. Il suffit de changer de point de vue pour que cette page se noircisse, pour que l'esprit engendre quelque chose. La méditation permet de laisser émerger cette réalité ultime qui reste de toute façon au-delà de tous les concepts, indescriptible.

être bouddhiste

Se dire bouddhiste et ne pas agir en tant que tel n'a aucun sens. Ce serait comme si l'on se proclamait maçon sans jamais construire de maison ou toucher une truelle. Celui que le bouddhisme séduit se doit de réfléchir sur l'engagement que cela suppose. Il est certes possible de s'inspirer de certains de ses traits particuliers et de ne pas franchir le pas. On peut agir de même avec toutes les religions ou tous les systèmes de pensée : la générosité de l'islam et le don de soi dans le christianisme peuvent être de grandes sources d'inspiration. Cependant, si le pas est franchi pour entrer sur le chemin montré par le Bouddha, l'existence se place dans une perspective nouvelle.

LE REFUGE

Pour celui ou celle qui souhaite s'engager, il s'agit d'entrer dans la voie bouddhiste en « prenant refuge dans les Trois Joyaux ». Cette expression signifie que le futur pratiquant prononce une série de vœux et qu'il se rattache dès lors à une famille spirituelle dont l'importance est plus ou moins mise en valeur selon les traditions. Dès lors, l'axe majeur de la vie est spirituel et, s'il n'est pas question de refuser la vie en société, il s'agit d'aborder cette vie quotidienne avec une approche fondée sur les éléments du « refuge ».

Quels que soient les Véhicules, le rituel de la prise de refuge est le même. Après avoir fait trois prosternations, l'aspirant, genou à terre, joint les mains et demande :
« Vénérable, je fais la requête des trois refuges… Pour la deuxième fois, je fais la requête des trois refuges… Pour la troisième fois, je fais la requête des trois refuges. »
À la suite du maître qui donne le refuge, l'aspirant répète trois fois :
« Je rends hommage au Béni, au Noble, à celui qui est le Parfait illuminé. »
Ensuite, le maître récite trois fois les vers suivants, répétés à chaque fois par l'aspirant :
« Je prends refuge dans le Bouddha… Je prends refuge dans le Dharma*… Je prends refuge dans le Sangha. Pour la deuxième fois, je prends refuge dans le Bouddha…, le Dharma…, le Sangha. Pour la troisième fois… »
Le maître dit alors : « Cela conclut la prise de refuge », à quoi le nouveau bouddhiste répond simplement : « Oui, Vénérable. »
Parce qu'il s'agit d'un engagement profond, il n'aura de solidité que si la personne a réfléchi auparavant à la portée de sa décision. C'est la raison pour laquelle les phrases sont répétées trois fois ; il s'agit de bien être sûr que la personne a compris ce qu'elle demande et ce dans quoi elle s'engage. Dans le système du Vajrayana, les futurs maître et disciple sont même encouragés à se tester mutuellement, le premier pour estimer la motivation de son aspirant disciple, le second pour voir si le maître mène bien une vie conforme à ce qu'il enseigne.

Les Trois Joyaux

On prend refuge dans le Bouddha, le Dharma et le Sangha qui constituent les « Trois Joyaux ». Chacun de ces « joyaux » a un aspect ultime et un aspect relatif.

Le Bouddha

Sur un plan ultime, bouddha signifie la nature claire, consciente et libre de l'esprit qui existe dans tous les êtres. Sur un plan relatif, il s'agit du Bouddha historique, et donc du maître spirituel ou de l'instructeur qui est son héritier ; c'est de lui que viennent les conseils qui permettent la libération spirituelle. Sans lui, la transmission des enseignements ne pourrait avoir lieu, il doit donc être particulièrement respecté. Ainsi, on raconte qu'un jour, aux alentours du XIe siècle, un maître indien du Vajrayana recevait l'un de ses disciples. Le

Le Bouddha, premier refuge (grottes d'Ajanta, Inde).

maître se posta à côté de son autel où trônait une statue du Bouddha, et son disciple se demanda devant qui d'abord se prosterner, son maître ou le Bouddha. Pensant que le Bouddha était la source de l'enseignement, il commença à se prosterner devant la statue. Il n'eut guère le temps de finir sa première prosternation ; son maître lui donna un coup de pied dans le postérieur. Il le sermonna alors en lui disant que, sans le maître et les lignées de transmission, l'enseignement se serait perdu dès la mort du Bouddha. Il fallait donc se prosterner en premier devant le maître. Cette histoire n'est pas applicable à toutes les situations, et elle n'est qu'une illustration d'une relation particulière entre un disciple et son maître. Elle révèle toutefois à quel point le maître peut être considéré comme fondamental. Dans le monde oriental, le respect pour ce guide prend une apparence très formelle, mais cela est lié à des habitudes culturelles qui n'ont souvent guère de sens en Occident. En outre, ce n'est pas parce que l'on manifeste extérieurement un grand respect pour le Bouddha, les maîtres, les moines et les nonnes que ce respect est profond. Le plus important est certainement de savoir que, même si l'on entretient des relations de type amical avec lui, jamais on ne peut être familier.

La prise de refuge dans le Bouddha implique que l'on se consacre à la libération spirituelle totale ; par conséquent, on doit abandonner toute forme de vénération et de croyance en des esprits qui, selon l'enseignement du Bouddha, ne seraient pas libérés du cycle des naissances et des morts, les dieux de l'hindouisme, par exemple. Le bouddhisme ne nie pas l'existence de ces dieux, ni des divinités locales ou des êtres qui peuvent leur être assimilés, comme les fées de l'Occident.

Pour le Bouddha, ces dieux peuvent jouer un rôle dans la vie quotidienne, mais ils ne permettront jamais la libération spirituelle... Comment, en effet, donner ce que l'on n'a pas ? Dans les rituels du Vajrayana, ils peuvent même être invoqués mais il s'agit toujours de leur demander une assistance ponctuelle ; dans les phases de méditation sur la nature de l'esprit, ces dieux dits « mondains » sont renvoyés dans leurs domaines respectifs.

Le Dharma

Le Dharma, l'enseignement, dans sa dimension ultime ne peut être décrit. Au-delà de toute formulation, il existe en toute chose et n'est accessible que selon la clarté de notre esprit. Dans le domaine relatif, l'enseignement est véhiculé par la parole, les textes ou les symboles. Son support doit être l'objet d'un respect absolu. Ainsi, jamais ne laissera-t-on un texte ou une image au sol ou dans un endroit sale. De même, rien ne peut être posé dessus et on ne doit jamais enjamber un objet religieux. Pour certains maîtres spirituels, avec la diffusion du bouddhisme hors de l'Asie, cette attitude doit s'étendre à tous les textes religieux, de quelque tradition qu'ils soient (la Bible, le Coran...), voire à tout ce qui est écrit, l'écriture étant fondamentalement un outil de transmission de la connaissance et la connaissance un moyen de se libérer des entraves qui limitent notre liberté.

Le Sangha

Le Sangha ultime correspond à la communauté spirituelle formée par ceux qui se sont déjà libérés de l'emprise des naissances et des morts. Selon les traditions entrent dans cette

catégorie les *arhats*, les *shravakas**, les *pratyeka-bouddhas**, les *bodhisattvas*, etc.

Le Sangha relatif inclut tous les pratiquants. Une plus grande importance est donnée aux moines et aux nonnes car c'est grâce à eux que les enseignements sont préservés et se transmettent. Ils consacrent la totalité de leur vie à la quête spirituelle et doivent donc être l'objet de tous les égards. La communauté ordonnée représente symboliquement le corps du Bouddha ; de là, les vêtements monastiques, « même une parcelle » disent les textes, doivent être considérés comme inséparables du Bouddha.

Particularité du Vajrayana

Dans le Vajrayana, le refuge classique dans les Trois Joyaux est complété par le refuge dans les Trois Racines : le maître spirituel, la déité d'élection, la dâkinî. Le *maître spirituel* est la source, la racine de la bénédiction. Cette bénédiction est assimilable à un courant dans lequel s'intègre le disciple, à un fleuve dont l'origine est le Bouddha et qui véhicule toute l'expérience et la bonté des maîtres passés. Par ce refuge, le disciple devient donc le dernier maillon d'une lignée ininterrompue.

La deuxième Racine, la *déité d'élection* ou déité de tutelle, est la source de l'accomplissement spirituel. Cette déité n'en est pas une au sens occidental du terme. Il s'agit, en quelque sorte, d'une cristallisation de qualités spirituelles précises, représentée sous la forme d'un « dieu » pouvant avoir plusieurs paires de bras, plusieurs têtes, différents attributs, être seul ou uni à une compagne mystique. Chaque être humain étant potentiellement capable de réaliser le plein éveil spirituel, méditer

Page de gauche : l'apprentissage des textes sacrés commence dès le noviciat (Bhoutan).

sur une de ces déités revient en fait à méditer sur notre nature. Il en existe des dizaines de formes. Selon les dispositions que l'on a, la déité aura tel ou tel aspect, sera ou non irritée, paisible, etc. C'est en ce sens que cette déité est personnelle. Grâce à la pratique qui lui est associée, l'accomplissement spirituel est réputé plus rapide. La prise de refuge dans cette Racine se fait dans le principe général qu'elle représente.

La troisième Racine, la *dâkinî*, est la source de l'inspiration tout en étant la gardienne qui évite les égarements sur la voie, c'est pourquoi les représentations de ces gardiennes sont toujours courroucées.

DANS LA VIE COURANTE

Repas de novices (Mandalay, Myanmar).

Une fois que l'on est entré sur le chemin, comme pour toute voie spirituelle, il existe un cadre dans lequel se place désormais l'existence. Ce cadre est formé par ce qu'implique le refuge.

S'investir consciemment

Les engagements du refuge concernent le corps, la parole et l'esprit car, pour le Bouddha, on ne peut dissocier ces trois aspects de la vie. Un tableau permet aisément de les distinguer.

Les dix vertus	
Actes physiques	Abandonner le fait de tuer
	Abandonner le fait de voler
	Abandonner la sexualité incorrecte
Actes verbaux	Abandonner le mensonge
	Abandonner la médisance
	Abandonner le fait de blesser verbalement
	Abandonner les bavardages
Actes mentaux	Abandonner la convoitise
	Abandonner les mauvaises intentions
	Abandonner les vues fausses (nihilisme et éternalisme surtout)

Ces dix points sont des repères. Comme pour tout l'enseignement, il se s'agit pas de les prendre comme des vérités qui seraient imposées. La réflexion doit permettre de comprendre que ces actes n'apportent rien de constructif. Une fois que l'on est conscient de cela, alors le comportement change naturellement. C'est aussi une question de discipline : si l'on a perçu que tuer est toujours négatif, il faudra savoir résister aux assauts des moustiques.

Le « refuge » n'implique pas non plus de vivre exclusivement en milieu bouddhiste, ce qui serait en contradiction avec l'enseignement lui-même. Cependant, comme l'engagement implique l'abandon d'actions définies comme nuisibles à l'esprit, il est naturel de se défaire des « mauvais amis ». Cela ne signifie pas que l'on change de vie, que l'on abandonne tout, que l'on quitte la ville pour la campagne. Le changement attendu est intérieur ; il s'agit de ne plus s'impliquer dans des actions dont on sait qu'elles n'apporteront à terme que de la souffrance. En bref, il est possible de fréquenter des cambrioleurs, des escrocs, mais il ne faut plus être soi-même un cambrioleur ou un escroc.

Ne pas tuer est facile à comprendre. Cela s'étend à tous les animaux, peu importe leur taille. C'est ce point qui a fait du bouddhisme la voie non violente par excellence. La question du végétarisme en découle naturellement. Le Bouddha n'a posé aucun interdit alimentaire pour la viande, parce que les moines ne peuvent manger que ce qu'on leur donne et que dans certaines régions de l'Inde la nourriture était, et est encore, essentiellement constituée de viande. Dans certaines régions du monde tibétain, la nourriture est presque uniquement carnée, faute de légumes, et, en Asie du Sud-Est ou au Japon, le poisson est la base alimentaire de millions de personnes. Le végétarisme est né logiquement de cette loi morale qui implique de protéger la vie. Manger de la viande est donc possible, mais il faut être conscient de ce que cela implique de souffrances. Et si l'on en consomme, il faut agir avec logique car manger des crevettes n'est pas la même chose que manger du bœuf : d'un côté, des dizaines de morts pour une seule personne, de l'autre, une mort pour des dizaines de personnes. Une règle existe toutefois : il n'est pas possible de manger de la viande d'un animal tué explicitement pour soi. Dans certaines populations bouddhistes, la seule viande consommée est la viande d'un animal mort naturellement.

La sexualité « incorrecte » se définit de façon simple : tous les rapports non consentis, la tromperie, la luxure et les comportements excessifs rabaissent l'homme au rang de l'animal dont la vie sexuelle n'obéit qu'à des pulsions. Il faut s'en écarter comme « le sage s'écarte d'une fosse de charbons ardents[1] ». L'homosexualité, qui est de plus en plus admise en Occident, ne l'est pas plus par le bouddhisme que la luxure. Il s'agit simplement d'une relation contre nature, chaque organe ayant une fonction précise. Ceux qui vivent leur homosexualité ne doivent cependant pas être condamnés, d'autant moins qu'ils souffrent souvent de l'exclusion imposée par les sociétés. S'il est prouvé un jour que l'homosexualité peut avoir des causes génétiques, alors il sera nécessaire de prendre en considération une souffrance supplémentaire liée à la contradiction entre l'appartenance sexuelle et l'attirance sexuelle. Cela renverrait à la logique du *karma* (voir p. 91), en l'occurrence ici à une contradiction entre les conditions et les causes (causes pour naître comme une femme/un homme ; conditions où l'on naît à l'inverse).

Le point peut-être le plus difficile à comprendre en Occident est sans doute le dernier : abandonner les croyances fausses. D'une façon générale, ceci renvoie au principe du vide (voir p. 45), mais on peut résumer cela d'une façon simple. Croire en l'éternité et proclamer que tout existe depuis toujours,

1. *Suttanipata*.

de même qu'être matérialiste à l'extrême et se dire que rien n'existe au-delà de ce que l'on voit constituent une position fausse spirituellement.

Agir ?

Ce n'est pas parce que l'on a décidé d'entrer dans la voie bouddhiste que l'on peut défaire l'écheveau de nos habitudes en quelques minutes. Rome ne s'est pas construite en un jour, notre fonctionnement spirituel non plus. Ce comportement est comparable à une feuille de papier dont on aurait fait un rouleau. Si l'on veut lui redonner sa forme d'origine, il faut en permanence maintenir les deux extrémités à plat. Au moindre relâchement de notre part, le rouleau se reforme. Il s'agit donc de s'entraîner à changer nos habitudes si besoin est, avec tranquillité mais constance.

La question de la définition de l'acte doit être posée : puisque penser est une action, alors avoir l'intention de mentir ou de blesser quelqu'un par ses paroles en est aussi une. Les vertus et les défauts s'entrecroisent et s'entremêlent donc continuellement, et nous avons des habitudes dites « fondamentales » qui nous poussent spontanément à créer des causes de souffrances. Pour remonter ce courant, il est utile et nécessaire de prendre conscience de l'importance de chacune de nos actions, physiques, verbales et mentales.

Le monde est aussi inconsistant que le reflet de la lune sur l'eau.

La technique proposée est assez simple dans son principe. Prenons l'exemple de la colère dont le caractère dévastateur est évident pour tous. Elle synthétise souvent plusieurs types d'action : la pensée s'enflamme, puis viennent les mots, enfin il n'est pas rare qu'une action physique matérialise un peu plus cette émotion. La première étape, que tout le monde connaît naturellement, est d'identifier la colère après son expression : « Je me suis mis en colère. » Si l'on y prête attention, il est possible de prendre conscience de ce sentiment pendant qu'il nous envahit : « Je suis en colère. » Une fois cette deuxième étape franchie, si l'on est vigilant, on peut anticiper : « Je vais me mettre en colère », mais, au début du moins, la puissance de la colère nous submerge tout de même. La dernière étape, « J'aurais pu me mettre en colère » indique que l'on est au moins parvenu à maîtriser son sentiment.

Toute expression du corps, de la parole ou de la pensée est donc un acte. Mais un acte n'est défini comme « complet » que s'il réunit quatre points : avoir l'intention d'agir, agir, réussir et se réjouir de son succès. Un des exemples les plus clairs est certainement celui du chasseur. Il a l'intention de chasser, il prend son fusil, tire sur le gibier, il le tue et en tire une satisfaction. Ainsi, pour lui, l'action est totale, la réussite sans appel.

Le Bouddha est le premier exemple (Sri Lanka).

Au contraire, si l'on tue sans en avoir l'intention, sans s'en donner les moyens conscients et sans se réjouir, les effets spirituels seront moins puissants. Lorsque le Bouddha montra que l'ascèse complète ne menait à rien, il faisait aussi référence à cela. Ainsi, si l'on pousse le raisonnement à son terme, respirer, marcher, bref vivre normalement entraîne automatiquement la mort de milliers d'êtres par jour. Ne serait-ce qu'en marchant dans l'herbe pendant quelques minutes, nos pas sèment la mort. La solution pour ne jamais tuer serait donc de ne plus respirer, de ne plus bouger, en bref de ne plus vivre… Certaines écoles spirituelles de l'hindouisme préconisent des techniques respiratoires particulières, le port d'une gaze sur la bouche et le nez pour ne pas tuer en respirant. Le Bouddha s'est opposé à cela en insistant sur le fait que notre humanité, notre qualité d'être humain, était par nature imparfaite et qu'elle contribuait de façon quasi mécanique à la souffrance. Il fallait donc être humble face à nos imperfections et développer une conscience de plus en plus fine de nos actes, de manière à être un acteur positif et dynamique dans notre existence.

La confession des fautes

Il est naturel de ne pas respecter tous ces engagements lorsque l'on est au début du chemin, comme il se peut qu'une fois sur le chemin, une situation entraîne à agir en contravention avec l'enseignement. L'un des remèdes apportés est la confession. Son principe est bien connu en Occident où elle fait partie intégrante du cheminement spirituel chrétien.

Pour le Bouddha, la confession n'est efficace que si elle obéit à au moins trois facteurs. Elle peut se faire seul, face à une statue, une image ou un maître. Il s'agit d'abord de reconnaître sa faute, sans se trouver d'excuses. Ensuite, il faut éprouver du regret, un regret sincère, honnête. Enfin, il faut promettre de ne pas renouveler l'action nuisible que l'on vient de commettre. À ce moment seulement, il existe de bonnes chances pour que le *karma* (voir p. 91) produit soit sinon annulé, du moins très amoindri. Quelques actes ont toutefois des effets spirituels impossibles à alléger : tuer ses parents, tuer un *arhat*, blesser un bouddha, créer des divisions irréparables dans la communauté spirituelle.

LE MAÎTRE

L'un des paradoxes du bouddhisme est la place du maître spirituel. Le personnage du Bouddha Shâkyamuni domine et son enseignement est la référence unique pour tous les pratiquants. Cela pourrait laisser supposer que ce qu'il a dit pré-

Récitation collective d'un Discours (Wat Bowon, Bangkok).

sente un caractère définitif et que ses disciples ne font que suivre le chemin qu'il a tracé.

Aperçu

Qu'est-ce qu'un maître ? La question est cruciale car les interprétations sont nombreuses : du conseiller spirituel au gourou de secte, tout est possible. Selon le bouddhisme, le maître est essentiel d'une façon ou d'une autre, qu'il soit un simple instructeur ou une personne vénérée pour sa profondeur spirituelle.

Un maître remis en cause

Pourtant, le maître n'est pas là pour dire une vérité absolue à laquelle il faudrait adhérer aveuglément et les progrès qui sont accomplis sur le chemin ne le sont que par le pratiquant lui-même. Il doit éprouver l'enseignement, passer au laminoir de son expérience ce que le Bouddha a dit. Une histoire souvent racontée sous des formes variables illustre cette relativité de la parole du maître. À un homme qui, s'adressant au Bouddha, vantait la réalité de son enseignement et la vénération que cela lui inspirait, le Bouddha répondit qu'il fallait être vis-à-vis de l'enseignement comme un mendiant trouvant une pièce d'or. Il la soupèse, la mord, la fait fondre, bref vérifie par tous les moyens possibles qu'il s'agit bien d'or. C'est seulement après tous ces examens qu'il peut dire de quel métal cette pièce est faite. Il ne fallait donc jamais prendre l'enseignement qu'il délivrait pour argent comptant, il était nécessaire de le tester, et si cela ne correspondait pas à sa réalité, il fallait le rejeter. L'expérience personnelle est donc au cœur de la pratique. C'est en ce sens que le bouddhisme ne peut être considéré comme obéissant à un dogme qui, par définition, serait immuable.

Le maître est cependant indispensable. Quelle que soit son apparence, la transmission des enseignements ne peut se faire que par lui. Du Bouddha jusqu'à aujourd'hui, des milliers de maîtres se sont succédé, formant des lignées de transmission, et la vivacité du bouddhisme repose sur cela. Le maître est au cœur de la vie spirituelle.

Expérience et réalisation

Comment ces deux points, l'importance du maître et sa remise en cause par l'expérience personnelle, peuvent-ils se concilier alors qu'ils semblent opposés ? En fait, la première valeur du maître est qu'il est un exemple du chemin parcouru. La valeur de son expérience renvoie à deux éléments qui doivent être analysés : l'expérience spirituelle, par définition momentanée, et la réalisation spirituelle, c'est-à-dire la stabilisation de ce qui a été expérimenté.

Si l'on prend l'exemple de la marche, un enfant passe d'abord un temps à l'expérimenter, temps durant lequel chacun de ses mouvements fait l'objet d'une attention et d'un effort particuliers. Une fois la marche acquise, son automatisme fait qu'elle ne demande plus aucun effort spécifique. Il en est de même avec l'esprit. Il est possible de passer de longues années à méditer et à expérimenter tel ou tel état, mais cela ne signifie rien, tant que rien n'est stable. Imaginons un enfant à qui l'on ne montrerait pas comment marcher ou qui passerait des années à se lever sur ses jambes sans aller plus loin. Cela ne ferait pas de lui un marcheur.

Le maître est d'abord une personne en qui l'on reconnaît la stabilisation de tel ou tel point de l'esprit. Comment cette stabilité est-elle apparue ? Par l'assiduité, la constance dans la pratique. C'est principalement dans son attitude que l'on peut juger de cette valeur car l'érudition, pour séduisante qu'elle soit, ne signifie rien. Bien des maîtres compétents ont rappelé qu'un perroquet pouvait, si on le dressait à cet effet, réciter les Discours du Bouddha. Avec un peu d'intelligence, il est possible de commenter ce que le Bouddha a dit, mais cela ne constitue pas la preuve que le maître est qualifié. De même, rester dans une posture de méditation pendant des heures, avoir accompli de longues retraites ne signifie rien, si ce n'est que l'on est capable de rester cloîtré et immobile pendant longtemps. Un chat d'appartement ne bouge pas beaucoup non plus et, quand il somnole, rien ne le distingue d'un méditant.

La compétence du maître ne se manifeste donc pas de façon spectaculaire. Ce qui fait de lui une personne compétente pour être un guide, c'est l'adéquation entre l'enseignement du Bouddha et sa manière de vivre, sans volonté particulière de démonstration.

La question des miracles

Les miracles peuvent être considérés, en Orient comme en Occident, comme une preuve de la hauteur spirituelle d'un personnage que l'on qualifie alors volontiers de maître.

La naissance du Bouddha fut elle-même accompagnée de miracles comme l'apparition d'une lumière si forte qu'elle aurait été perçue, selon la légende, jusqu'en Chine. Plus tard, lorsqu'il eut atteint l'éveil spirituel complet, il traversa

le Gange en marchant sur l'eau, arrêta net un éléphant sauvage qui le chargeait…
Sa vie fut émaillée de tels faits miraculeux, et depuis son disciple Maudgalyâyana, « le premier pour les pouvoirs surnaturels », jusqu'à aujourd'hui, des milliers de maîtres se sont succédé et ont accompli des miracles. Tous les Véhicules sont concernés, mais c'est certainement dans le Vajrayana tibétain que les miracles sont les plus nombreux et le plus souvent évoqués : de la multiplication de nourriture à la lévitation, en passant par le transpercement de rocher pour en faire jaillir des graines ou de l'eau et l'absorption de poisons violents sans en souffrir.

Shâkyamuni reconnaissait l'existence de trois types de miracles. Certains étaient liés à des pouvoirs psychiques : voler, traverser des obstacles solides comme des montagnes, entrer sous terre comme on entre dans l'eau, être doué d'ubiquité, etc. Le deuxième groupe de miracles était en relation avec la télépathie, le pouvoir de lire la pensée d'autrui. Enfin, il reconnaissait le miracle de l'instruction, c'est-à-dire la capa-

Le déploiement des miracles du Bouddha à Shrâvasti (peinture sur toile, Tibet, XVIIIe siècle).

cité de dire exactement ce qui, en termes de vie spirituelle, était juste pour une personne. Ces capacités pouvaient être le fruit de la pratique de la méditation, sachant que celle-ci ne les développe pas, elle ne fait que les révéler si elles existent au préalable chez le méditant.

Mais le Bouddha, comme ses successeurs, ont toujours tenu un discours très clair les concernant. Spirituellement, ces capacités n'ont aucune utilité et ne constituent que des phénomènes périphériques, n'offrant aucune preuve d'une quelconque qualité intérieure. Plus encore, il annonça : «… Voyant le danger de tels miracles, je ne les apprécie pas, les rejette et les dédaigne[1]. » Le Bouddha interdit même expressément aux moines de se livrer à de telles opérations en dehors des lieux de réunion de la communauté et des monastères. Là, les religieux étaient suffisamment avertis pour ne pas leur donner d'importance.

Le seul véritable « miracle » admis est finalement la totale émancipation spirituelle, encore que celle-ci ne soit atteinte qu'au terme d'un long effort. Exprimé simplement, toute doctrine faisant des miracles son fonds de commerce conduirait les êtres vers la souffrance en développant un pouvoir plus grand : la tendance naturelle à s'attacher au monde.

Suivant cela, un maître ne peut être considéré comme qualifié s'il se livre à des démonstrations que l'on jugerait surnaturelles. C'est donc bien en observant son comportement ordinaire que l'on peut estimer sa maîtrise spirituelle.

1. *Kevaddha Sutta*, 5.

Dans le Théravada

La place du maître varie selon les Véhicules. Dans le Théravada, elle est faible en apparence. Le seul maître reconnu comme tel est le Bouddha lui-même. Comme le système monastique est particulièrement développé, c'est dans son cadre que la maîtrise spirituelle peut être admise. Il existe deux degrés de maîtrise : un stade ordinaire, sans toutefois que cela lui ôte de la valeur, et un niveau plus rare qui correspond vraiment à l'idée que l'on se fait du maître spirituel.

Le premier cas se rencontre ordinairement dans le système monastique. Le novice a un tuteur, choisi en général parmi les anciens ou les grands anciens, et ce précepteur est de fait un maître pour lui, à la manière d'un enseignant ou d'un instructeur ordinaire. Son rôle est d'aider le novice à comprendre les Discours en clarifiant tel ou tel point ; c'est lui aussi qui aide le novice à intégrer les règles de la discipline monastique.

Les maîtres, au sens classique, existent pourtant. Des moines connaissant une sincère insatisfaction spirituelle s'interrogent sur le bien-fondé de l'enseignement et de la vie qu'ils mènent. Cette interrogation personnelle marque le début d'une démarche individuelle ; l'élan intérieur initial les conduit éventuellement à quitter leur monastère pour aller retrouver tel ou tel moine dont la réputation est grande dans tel ou tel domaine de l'enseignement.

Le Thaïlandais Ajahn Chah (1918-1992) est un exemple de ce type de démarche. Jeune moine ballotté par les soucis familiaux, il fut en proie à une interrogation profonde sur la mise en pratique des enseignements qu'il avait reçus. Il se posa la question que tout pratiquant honnête se pose à un moment donné : « À quoi ça sert, pourquoi dois-je continuer de méditer puisque le monde reste tel que je l'ai connu ? » C'est dans cet état d'esprit qu'il décida d'aller à la rencontre d'Ajahn Mun, un maître de méditation réputé. Cette rencontre bouleversa sa vie car Ajahn Mun, qui vivait dans le dénuement, lui fit comprendre que toute la connaissance qu'il avait se mêlerait à son chemin spirituel s'il se contentait de développer une conscience pleine et entière de chaque instant. Pour laisser se manifester cette simplicité naturelle de l'esprit, Ajahn Chah décida d'adopter la conduite des moines dits « de la forêt ». Il quitta tout et partit vivre en forêt au milieu des animaux sauvages, sans aucun abri, sans autre nourriture que celle qu'il mendiait. Il vécut ainsi sept ans dans des conditions que d'autres auraient jugées épouvantables, errant et méditant, vêtu de loques récupérées ici et là, à l'image des premiers disciples du Bouddha. À l'invitation de quelques-uns, il revint s'installer non loin de son village et sa réputation de sage et de méditant s'étendit au point qu'un monastère, Vat Pah Pong, vit naturellement le jour. Ce monastère dit « de la forêt » devint rapidement un des plus importants centres spirituels du pays avant d'avoir un rayonnement international.

Ajahn Chah n'a rien démontré, il n'est pas allé dire aux villageois : « Regardez comme je suis bien », et son statut n'a jamais dépassé celui de simple moine, comme des milliers d'autres hommes en Thaïlande. C'est seulement ce qu'il vivait et comment il le vivait qui ont fait de lui une référence spirituelle au point qu'il a été considéré comme un maître qualifié, dont le dénuement extérieur s'accompagnait d'un dénuement intérieur.

Un autre exemple est celui donné par le Cinghalais Amatha Gavési Théra (1918-2003). Sa vie se composa de deux parties distinctes sans toutefois avoir été en contradiction. Entré dans la police, il y mena une carrière exemplaire pour son intégrité et pour le souci qu'il avait d'être juste dans ses décisions. Il gravit une à une les marches de la hiérarchie, se maria, eut des enfants, puis, alors qu'il était devenu directeur de l'École de la police de l'île, il abandonna tout pour devenir moine en plein accord avec sa femme, qui embrassa elle aussi la vie religieuse.

Cette décision n'était pas soudaine. Tout en travaillant, il avait pratiqué quotidiennement la méditation, étudié le pali et le sanskrit, et était devenu fameux pour la profondeur de sa connaissance et ses prédispositions spirituelles. Sa femme et lui menaient déjà une vie intensément spirituelle tout en gardant une activité sociale. Leur décision n'étonna donc personne.

Amatha Gavési Théra acquit rapidement une grande renommée, ce qui le conduisit à voyager dans son pays, en Indonésie, en Australie, et même aux États-Unis. Pourtant, fidèle à son vœu de renoncement, il continua de mener une vie simple, ne possédant rien d'autre que ce que la règle

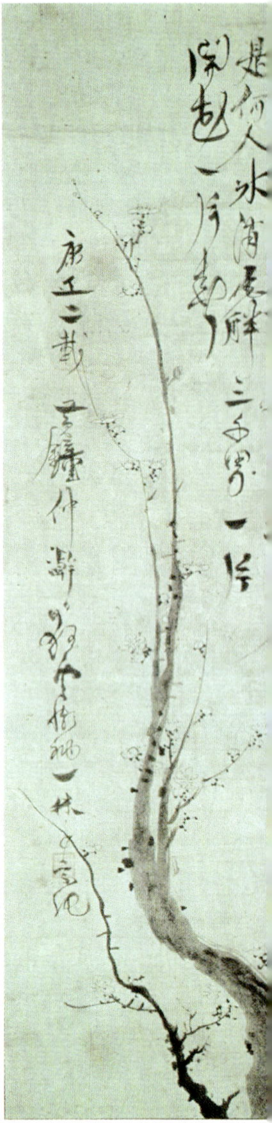

La calligraphie du maître Ikkyu Sojun.

lui accordait et redistribuant aux moines qu'il soutenait, à Sri Lanka notamment, toutes les offrandes qui lui étaient adressées. Plus encore, il donnait l'intégralité de la pension qu'il touchait à un monastère de nonnes qu'il avait créé dans l'île. À sa mort, il était considéré par beaucoup comme un *arhat*, à l'égal des premiers disciples du Bouddha.

Dans le Mahâyana

Par définition, le maître du Mahâyana se remarque par son éthique et son ouverture vers autrui. Cela ne signifie pas qu'il s'implique directement dans l'action sociale et, si l'on y regarde bien, les groupes de pratiquants laïcs du Théravada sont souvent plus actifs auprès des personnes en difficulté que les pratiquants du Mahâyana. Le maître du Mahâyana pose un regard égal sur tous et ne fait aucune distinction entre les êtres. Il ne dissocie pas son cheminement spirituel des bienfaits qu'il peut contribuer à apporter. Son enseignement va dans ce sens, démontrant l'utilité de la concorde et la responsabilité de chacun dans le bien-être collectif.

L'exemple du maître japonais Ikkyu Sojun (1394-1481), certainement l'un des plus connus du Zen et du Japon tout entier, montre un cheminement personnel remarquable. Jeune moine, il n'eut de cesse de critiquer le système monastique qu'il voyait figé dans la forme et corrompu dans le fond. Quand il eut vingt-

Thich Nhat Hanh, l'art de respirer.

six ans, après avoir déjà mené une vie assez provocatrice, il vécut une expérience mystique soudaine en méditant et réalisa vraiment ce qu'était la nature de l'esprit. Son maître confirma qu'il avait obtenu le plein éveil et le reconnut comme son héritier spirituel. Ikkyu resta à l'écart des grands monastères, vécut comme un ermite errant durant plusieurs dizaines d'années, répandant par son exemple digne des « fous divins » un enseignement altruiste mais sans concession pour le monde. Poète, calligraphe, peintre, mystique, Ikkyu, qui s'appelait lui-même « Nuage fou » ou « Mule aveugle », utilisa tout ce qui était en son pouvoir, quitte à être non-conformiste et anticonventionnel, pour contribuer au bien-être des gens. La légende s'est vite emparée de ce personnage, au point qu'aujourd'hui il est devenu, sous une forme très romancée, un héros de dessins animés et de *mangas*.

Un autre exemple, plus académique, est le maître contemporain vietnamien Thich Nhat Hanh, lui aussi peintre, poète et calligraphe. Alors que son pays est l'un des plus marqués par les atrocités de la guerre, d'abord contre les Japonais, puis les Français et enfin contre les Américains, il a très tôt décidé de porter le flambeau de la non-violence. Moine, il critiqua la passivité des monastères face aux drames de la guerre. Alors que certains moines s'immolaient, il fonda un bouddhisme dit « engagé » s'impliquant dans le monde, en l'occurrence dans le conflit militaire. Son École de la jeunesse et du service social, son aide apportée aux populations et aux blessés, quel que soit leur bord, lui valurent d'être mis à l'index autant par les partisans du Nord communiste que par ceux du Sud pro-américain. Indifférent, Thich Nhat Hanh poursuivit sans relâche sa route, au point que, en 1966, faute de pouvoir revenir au Viêtnam après un séjour à l'étranger, il dut rester en exil forcé[1]. Ce lauréat du prix Nobel de la paix accepta cette situation sans se résigner. Installé en France dans les années 1970, il confirma et développa une des idées fondatrices du Mahâyana, l'interdépendance et la coresponsabilité qui en découle : tout est lié et les actions de chacun rejaillissent sur la collectivité d'une façon ou d'une autre. C'est dans ce sens que déjà au Viêtnam il avait fondé l'ordre de l'Inter-Être visant à responsabiliser chacun au bonheur de tous.

Dans le Vajrayana

C'est surtout dans l'univers tibétain que l'on peut voir le très large éventail d'attitudes proposé par le Vajrayana. La variété est si grande qu'elle ne permet pas de décrire un maître qui serait en quelque sorte standard. Ces maîtres ont toutefois en commun, comme ceux du Mahâyana, d'être d'une grande discipline et soucieux du bien-être de chacun.

Les maîtres laïcs peuvent mener toutes les activités d'une vie ordinaire : paysan,

Milarépa entouré de scènes retraçant sa vie (peinture sur toile, Tibet).

1. Son exil a pris fin en janvier 2005 lorsque, à la demande du gouvernement vietnamien, il a pu revenir pour un séjour de quelques semaines dans son pays.

artisan, marchand... Leur vie peut être tellement banale que leur compétence spirituelle n'apparaît pas au commun des mortels. Ainsi, l'un des plus importants maîtres tibétains, Marpa (XIe siècle), était un riche propriétaire terrien redouté de ses voisins tant il était dur en affaires et irascible. Pourtant, les textes qui évoquent ce personnage, sans cacher les traits excessifs de son caractère, montrent qu'il avait une éthique au-dessus de tout soupçon.

À côté du laïc menant une vie sociale banale, l'ermite peut aussi correspondre à l'une des expressions du maître. L'exemple le plus achevé est certainement Milarépa (1040-1123), le « roi des ermites ». Élevé dans la haine par sa mère, il apprit la magie noire pour détruire les biens de son oncle qui avait spolié sa famille à la mort de son père. Le regret et les rencontres qu'il fit le conduisirent auprès de Marpa, le riche paysan. Il avait alors trente-huit ans. Marpa lui fit subir toutes sortes d'épreuves durant six ans, après quoi Milarépa adopta la vie d'anachorète, seulement vêtu d'une pièce de coton, ce que lui permettait la maîtrise d'un yoga dont les effets physiques sont d'augmenter la température externe du corps. Il vécut ainsi une quarantaine d'années, laissant derrière lui l'empreinte profonde de son exemple. Alors que tout semblait le conduire inéluctablement vers une vie à l'opposé de celle préconisée par le Bouddha, il réalisa lui-même cet état à force de constance, de volonté, de sincérité. À l'un de ses principaux disciples qui lui demandait un dernier conseil, Milarépa se retourna et lui montra ses fesses calleuses. La leçon était claire : pour obtenir l'éveil, il fallait méditer. Ses chants mystiques furent l'un des moyens utilisés pour transmettre son enseignement. Ils sont aujourd'hui considérés comme un des joyaux de la littérature tibétaine.

Le troisième type de maître est le moine. Peu de choses le distinguent de ses semblables du Théravada. Certains ont même respecté les règles les plus mineures, dont le non-respect ne brise en rien le vœu initial. Ainsi, pour des raisons symboliques, les moines doivent avoir le bras droit nu ; certains maîtres du Tibet ont maintenu cette règle alors que la température est inférieure à 0 °C une grande partie de l'année.

L'un des moines les plus remarquables fut le Kadampa* Dja Chékhawa (1100-1175). Encore enfant, il eut une très forte aspiration religieuse alors qu'il était disciple et serviteur de Réchung, l'un des deux plus importants disciples de Milarépa qui, comme lui, vivait en ermite, transmettant son enseignement par des chants mystiques d'une grande beauté. Devenu moine, il étudia la discipline monastique puis rencontra fortuitement un maître réputé qui lui transmit des enseignements

Méditer aux pieds du maître (grottes de Powin Daung, Myanmar).

sur la voie du *bodhisattva*. Souhaitant approfondir cette voie, il passa une douzaine d'années à étudier un texte court, les *Huit Stances* de Langri Thangpa, qui synthétisait la pratique altruiste. Un jour, son maître lui dit : « On doit donner aux êtres sensibles, mes maîtres, notre bonheur et nos vertus. On doit prendre sur soi les fautes et les souffrances des êtres sensibles. Si, en ton esprit, tu es capable de faire tienne cette pratique, alors fais-le. » Dja Chékhawa pratiqua dès lors selon ces conseils jusqu'à la fin de sa vie, en utilisant la technique de méditation de « prendre et donner (voir p. 42) » échangeant ainsi le bonheur et les souffrances. Il rédigea un texte, *L'Entraînement de l'esprit en sept points*, qui résumait la voie spirituelle ; ce texte est encore aujourd'hui étudié par toutes les lignées religieuses du Tibet. Dans le même temps, Dja Chékhawa était un maître du Vajrayana, mais un maître secret dont on sait aujourd'hui peu de choses ; il rassemblait donc en une seule personne les trois Véhicules.

Le disciple

Être disciple signifie que l'on a un maître. Lire, écouter une conférence, être séduit par tel ou tel personnage ne suffit pas. Nous l'avons dit, être bouddhiste implique un engagement formel. Comme pour le maître, la place du disciple varie selon les Véhicules et il n'existe pas de prototype. Chaque individu a un parcours qui lui est propre et ses relations avec l'enseignement du Bouddha ne peuvent être dissociées de ce parcours personnel. Cela conditionne aussi les relations qu'il entretient avec les enseignants bouddhistes : chaque maître et chaque disciple ayant une approche particulière, leur relation est singulière et ne peut être transposable. Ainsi, il existe des disciples qui vivent à proximité de leur maître, d'autres qui ne le voient qu'une fois dans leur vie, certains à qui le maître confie des responsabilités, d'autres à qui aucune responsabilité n'est donnée, etc. Dans le Théravada par exemple, le maître n'acceptera peut-être pas d'être considéré comme tel et de là ne reconnaîtra pas la qualité de disciple à celui qui y aspire. Ce n'est, au fond, qu'un problème de forme.

Tous les disciples présentent cependant des points communs. En premier lieu, le disciple écoute les enseignements, il réfléchit sur leur sens, puis il expérimente ce qu'il a reçu. Tout enseignement doit passer par ces phases d'analyse, de compréhension et d'expérimentation. C'est ainsi que le disciple trace son propre chemin.

Par l'attention qu'elle développe, cette attitude permet d'éviter les postures fausses qui sont clairement exprimées par l'image du bol. Si le bol est sale, c'est-à-dire si le disciple a des idées préconçues ou erronées, l'enseignement qu'il recevra sera souillé et perdra son caractère libérateur. Si le bol est retourné, le disciple restera fermé à toute forme de progrès. Si le bol est troué, le disciple ne progressera pas puisqu'il ne stabilisera aucune de ses expériences. Le disciple idéal doit être comme un bol neuf et propre.

LA MÉDITATION

Le comportement, l'attention portée à nos pensées et à nos faits et gestes sont des outils de progrès spirituel, mais la méditation est incontestablement le moyen qui permet de

La posture du lotus (Myanmar).

se recentrer quotidiennement et de remettre au cœur de son existence le cheminement spirituel que l'on suit.

Données générales

Le terme méditation est largement employé aujourd'hui sans pour autant que son sens soit précisé. La méditation peut être synonyme de réflexion, de rêverie, de contemplation, de prière, etc. Dans le bouddhisme, la méditation n'est pas une technique de bien-être ou de relaxation, ce n'est pas non plus un moyen d'acquérir des pouvoirs psychiques ou un état qui couperait du monde…

Il s'agit d'une action intérieure, d'un moyen pour dissiper à terme les voiles qui recouvrent l'esprit et, au contraire de toute forme de rêverie, pour être ici et maintenant pleinement conscient à la fois de nous-même et de ce qui nous entoure, sans présupposé ni *a priori*.

Il existe des dizaines de méthodes pour méditer selon que l'on appartient à telle ou telle tradition du bouddhisme. On en retient deux principales qui sont pratiquées par tous. Le premier de ces outils spirituels a pour objectif de détendre et de stabiliser l'esprit ; dans le second, il s'agit d'observer son fonctionnement en regardant comment naissent, vivent et meurent les pensées et de là comprendre quelle est la nature de l'esprit. Ces deux techniques dites du « calme mental* » (*samatha*) et de la « vision profonde* » (*vipassana*) ne peuvent être séparées, du moins la seconde qui ne peut se pratiquer si la première n'a pas été expérimentée sur un temps assez long.

Une des images utilisées pour décrire l'esprit est celle de l'océan : flux, reflux, tempêtes, calme plat, profondeur, transparence ou opacité le caractérisent. La méditation permet d'abord de calmer l'agitation et, une fois la mer étale, d'en explorer la profondeur et d'en comprendre la nature.

Le Bouddha a parfois employé l'image d'une corde d'instrument de musique pour décrire l'attitude générale que l'on doit adopter sur le chemin spirituel : trop tendue, la corde casse, pas assez tendue, elle ne donne pas la bonne note. On peut utiliser cette image pour son état d'esprit, pour le lieu où l'on médite – qui doit être calme, sans lumière ou obscurité excessive – ou pour la nourriture, qui doit être ni trop lourde ni trop légère. En effet, l'agitation et la torpeur sont les deux premiers obstacles à vaincre et tout ce qui contribue à leur apparition doit être écarté le plus possible. Une fois que l'on est accoutumé à la méditation, ces conditions perdent de leur force, mais dans un premier temps elles paraissent nécessaires.

Un des éléments les plus importants est la posture physique. Tout le monde connaît la posture dite « du lotus » pour avoir vu au moins une fois une statue du Bouddha : les jambes sont croisées, les pieds reposant sur l'intérieur des cuisses, plante vers le ciel. Il n'est pas nécessaire de prendre cette position pour méditer, et être dans cette position ne signifie pas que l'on médite. L'essentiel est que le dos soit droit, les épaules détendues, le pratiquant imaginant qu'un crochet rattache le sommet de sa tête au ciel, celle-ci étant légèrement inclinée

Moine zen méditant (Himeji, Japon).

vers le bas. L'école zen du Japon illustre parfaitement l'importance de cette verticalité du dos qui permet une respiration plus ample, une meilleure irrigation sanguine du corps.
Enfin, il est utile de se rappeler pourquoi l'on médite. La prière du triple refuge récitée avant de méditer permet de donner un cadre à sa pratique. Dans le Mahâyana, il est de coutume de se rappeler, parfois par une récitation de texte, que tout ce que l'on fait est accompli pour le bien de tous les êtres et, une fois la méditation finie, d'en faire la dédicace au bien de tous les êtres.

Le calme mental

Le calme mental s'obtient grâce à la concentration sur un objet. Il est bien sûr possible d'utiliser un objet extérieur pour fixer son attention, comme on peut aussi avoir recours à un objet intérieur, une pensée, une image visualisée... En fait, la respiration est le support idéal car on peut l'utiliser dans toutes les situations. Il s'agit simplement d'observer d'abord le va-et-vient de l'air. Dans les premiers temps, l'instabilité de l'esprit apparaît de façon évidente, mais, avec un peu d'entraînement, le vagabondage diminue de façon de plus en plus perceptible. Cet entraînement doit être progressif ; dans le cas contraire, il y a toutes les chances de créer une tension. Au début, maintenir l'esprit sur un point plus de quelques secondes est déjà une réussite. Sachons que le Bouddha avait défini trois grands types de méditants : ceux qui comprennent d'un coup, ceux qui progressent par bonds successifs et les laborieux. Il est utile de partir du principe que le débutant est nécessairement laborieux. D'une façon ou d'une autre, la méditation développe la persévérance.

« Maintenant, un moine qui est allé dans la forêt, ou au pied d'un arbre, ou dans un lieu désert, s'assoit jambes croisées, le buste droit, ayant établi la pleine conscience. Consciemment, il inspire ; consciemment, il expire. Faisant une longue inspiration, il sait qu'il fait une longue inspiration, faisant une longue expiration, il sait qu'il fait une longue expiration. Faisant une courte inspiration, il sait qu'il fait une courte inspiration, faisant une courte expiration, il sait qu'il fait une courte expiration. Il s'entraîne en pensant : "Je vais inspirer, conscient de toute l'inspiration." Il s'entraîne en pensant : "Je vais expirer, conscient de toute l'expiration." »
Mahāsattipathāna Sutta, (*Dīgha Nīkāya*, 22).

La méditation est donc associée à l'idée de concentration. Le terme même de concentration peut être l'objet d'une mauvaise interprétation. Il ne s'agit pas ici d'un état d'esprit dans lequel rien n'existerait en dehors de l'objet qui sert de support à la méditation. Au contraire de cette concentration qui conduirait à la complète abstraction du reste, celle qui est requise pendant la méditation ordinaire est un état dans lequel l'esprit reste fixé sur un point, tout en restant ouvert sur le reste. Si son objet est un arbre, par exemple, le ciel, les autres arbres, l'herbe qu'il a au pied sont clairement perçus, mais la pensée ne s'y attarde pas. La concentration apparaît quand le méditant n'attend rien, quand l'esprit est simplement posé là, détendu.

On l'a vu, le Bouddha était un maître itinérant et il a utilisé et transmis à ses disciples les techniques de méditation marchée qui associent la respiration et l'attention au mouvement. Lui-même pratiquait quotidiennement cet exercice qui est aujourd'hui largement employé dans le Théravada et le Mahâyana. Les files de moines et de moniales qui quittent leur monastère au matin pour aller mendier leur nourriture quotidienne ne pratiquent rien d'autre. Aujourd'hui, ces techniques sont popularisées par le maître vietnamien mahayâna

Thich Nhat Hanh, et l'on voit se développer les marches méditatives dans les pays où le Théravada est implanté.
Si le fruit ultime de la méditation est la libération spirituelle, sa pratique régulière entraîne une modification positive de la vie quotidienne. Progressivement, l'implication dans ce qui nous entoure, dans ce qui est perçu, et la capacité à s'emparer du monde paraissent évidentes. À mesure que cette certitude se révèle, l'emprise du monde et sur le monde se relâche naturellement, l'esprit se détache sans toutefois tomber dans l'indifférence. La fluidité qui se révèle d'elle-même permet au contraire de reconnaître un espace qui est extérieur et intérieur, simultanément et de manière indissociable. L'esprit est alors plus vif, et plus la méditation devient familière, moins il y a de rupture entre le moment qui lui est consacré et le reste de la journée, moins il y a de rupture entre celui qui médite et son environnement.

La vision profonde

La seconde méthode de méditation, dite de la « vision profonde », ne peut s'aborder sans avoir au préalable stabilisé un minimum l'esprit. Une fois le calme établi, la houle et les vagues de cet océan qu'est l'esprit diminuent d'intensité pour donner une mer parfaitement étale. C'est à ce moment que l'on peut commencer à regarder l'esprit en profondeur de manière à découvrir sa nature. Pour faciliter cette forme de méditation, il peut être utile d'avoir devant soi un horizon dégagé, un lac ou un paysage reposant.
Un sentiment de clarté et d'espace naît de ce calme ; il suffit de rester dans cette disposition sans chercher à s'emparer de cette sensation. Les pensées vont et viennent mais elles n'ont

pas plus de consistance que les vaguelettes d'une eau paisible. On s'interroge alors sur l'essence, la couleur, la forme, la solidité, l'origine, ou encore la localisation de l'esprit : est-il blanc, bleu, dans la tête, le corps, en dehors du corps, etc. ? Si la lucidité s'accroît, le pratiquant commence à reconnaître ce qu'est fondamentalement son esprit : vide, clair et connaissant. Mais il n'est pas question de forme ou de couleur…
Une fois cette première étape franchie, le chemin qui reste à parcourir est long et, sans un maître compétent, il est impossible de s'y retrouver. Son rôle est de donner des instructions précises sur la posture intérieure que l'on doit avoir. La découverte de la vacuité est soudaine et, si l'on n'a pas de repères, cela peut apporter de la confusion. Celui qui franchit toutes les étapes de ce chemin et qui, allant au-delà de la simple observation, stabilise les expériences atteint l'état de bouddha.

Les méditations du Vajrayana

Suivant la logique qui veut que les trois Véhicules se superposent, les pratiquants du Vajrayana doivent impérativement avoir accompli des pratiques dites « préliminaires » qui résument les chemins précédents, avant de se lancer dans celles du Vajrayana à proprement parler. Nous en donnons ici le cadre le plus courant, car il existe de nombreuses variantes selon les lignées de transmission.
Ces pratiques sont divisées en deux grandes catégories : les pratiques « ordinaires » et les pratiques « extraordinaires ». Les pratiques ordinaires renvoient aux quatre Nobles Vérités avec toutefois un accent sur la chance que l'on possède d'être un humain, de suivre un chemin spirituel et de

pouvoir le pratiquer. Ensuite sont accomplies les pratiques « extraordinaires » spécifiques au Vajrayana. Le pratiquant doit alors s'engager à méditer plusieurs dizaines de milliers de fois, parfois des centaines de milliers de fois, l'objectif de ces méditations étant de purifier le corps, la parole et l'esprit, et de réunir les conditions intérieures et extérieures pour progresser aisément sur la voie. Le chiffre énorme, qui varie en réalité d'un maître à l'autre, et l'effort que cela représente ne sont pas là pour dissuader le pratiquant mais pour affermir sa volonté de poursuivre le chemin. Le rythme auquel ces pratiques doivent être exécutées dépend du maître et du disciple. Ensuite, le chemin se poursuit avec les méditations du calme mental et de la vision profonde. Une fois ces méditations suffisamment expérimentées, le disciple est admis à entrer vraiment dans la voie du Vajrayana. Il l'est par une cérémonie d'investiture, une initiation, qui lui confère la possibilité de révéler la nature de l'esprit à travers un déploiement important

Le *mantra* de la compassion, *Om mani padmé houng* (rocher gravé, Himalaya).

de symboles représentés par une divinité. Les méditations qu'il accomplit sont secrètes à double titre. En premier lieu, elles touchent l'intimité informulable de l'être : exprimer les expériences que l'on vit n'a donc pas de sens si ce n'est pour le maître ou pour un autre pratiquant ; de plus, les formuler peut leur faire perdre de la force. Tout le monde connaît ce phénomène : lorsque l'on vit quelque chose de particulièrement intense, en parler est souvent libérateur si l'expérience a été négative ; au contraire, si l'expérience a été positive, raconter ce que l'on vit est très réducteur et l'on peut avoir la sensation de perdre la sève de ce qui a été vécu.

En second lieu, ce que les méditations véhiculent philosophiquement peut prêter à confusion. Dire que d'un point de vue ultime tout est d'une « unique saveur » peut en effet conduire à s'égarer. Cela s'est produit au Tibet, notamment vers le XIe siècle, quand des pratiquants se sont livrés à des crimes abominables, des assassinats et des viols, sous le prétexte que le Bien et le Mal n'avaient pas de consistance. C'est pour éviter cela que les pratiques du Vajrayana ne sont théoriquement transmises qu'à ceux qui ont réellement intégré les fondements éthiques du Théravada et l'aspiration généreuse du Mahâyana, formulée par le vœu de *bodhisattva* qui se prononce avant chacune des méditations.

Deux des supports de méditation du Vajrayana, les *mantras* et les *mandalas**, sont connus en Occident. Il s'agit pour les premiers de formules associées à des « divinités », en fait des aspects de l'éveil spirituel représentés physiquement pour les rendre perceptibles (*bodhisattvas*, déités de tutelle…). Le sens de ces formules est entièrement symbolique, chaque syllabe renvoyant à une spécificité de l'aspect de l'éveil qui est l'objet de la méditation. Dans le monde tibétain, le seul *mantra* d'Avalokiteshvara, le *bodhisattva* de la compassion, *Om mani padmé houng*, peut faire l'objet de commentaires représentant plusieurs centaines de pages et des semaines d'enseignement. Le *mandala* n'est autre que le domaine d'une « divinité », le plus souvent représenté comme un palais vu du ciel, avec ses enceintes, ses ailes, son centre où trône le maître des lieux. C'est en résumé son champ de conscience, un descriptif de ce qui compose la facette de l'esprit éveillé dont la « divinité » est la représentation physique.

Les ornières de la méditation

La méditation offre aussi sa panoplie de pièges même pour celui qui est averti. Le premier d'entre eux est certainement le confort. En effet, par la détente que cela induit, méditer peut devenir une sorte de refuge paisible dans le monde violent qui est le nôtre. Pour éviter cet écueil, le mieux est de se rappeler pourquoi l'on médite avant de débuter sa session.
L'autre piège courant est de sombrer dans le dégoût ou l'ennui. Des maîtres contemporains comme le Tibétain Chögyam Trungpa ont pu dire que c'est à ce moment-là que commence

Moines créant un *mandala* avec des sables de couleur.

vraiment la méditation. En effet, la plupart du temps, elle est accomplie, au début du moins, pour quelque chose, avec bien sûr une attente de résultat. Ne voyant rien venir, le pratiquant s'ennuie ou rejette la méditation. Là encore, le remède est de savoir pourquoi l'on médite. Si c'est pour obtenir quelque chose à brève échéance, alors le point de départ est mauvais.

L'autre dernier grand piège est celui de l'expérience. Il se peut que l'on vive une magnifique expérience intérieure d'ouverture, de luminosité, de paix et de félicité. Il se peut aussi que le contraire se produise : une plongée digne d'un cauchemar dans une pensée sinistre qui finit par devenir pour ainsi dire concrète tant on s'identifie à ce qui est vécu. La tendance consiste alors à chercher à renouveler la bonne expérience et à fuir la seconde. Dans les deux cas, il y aura désillusion. Les expériences ne sont que des phénomènes produits par l'esprit. On peut transformer cela en considérant qu'au bout du compte, ce que l'on vit dans le quotidien n'est pas plus consistant que les expériences que l'on connaît lorsque l'on médite.

VIVRE ET MOURIR

La réincarnation fait partie des éléments de la culture asiatique qui ont le plus séduit les Occidentaux. Dans le bouddhisme tibétain en particulier, la réincarnation émerveille et tout le monde connaît le quatorzième Dalaï-Lama, le chef d'État tibétain en exil. Mais de quoi parle-t-on d'un point de vue bouddhiste ?

La réincarnation et le *karma*

Se réincarner est perçu en Occident d'une manière qui correspond assez peu à la vision du Bouddha. Au contraire de la réincarnation qui est une évidence inéluctable n'offrant guère d'intérêt à être analysée, l'action quotidienne, la manière dont on vit doivent être l'objet de toute l'attention possible car ce sont elles le moteur de cette existence qui se perpétue de vie en vie.

Renaître

Une anecdote permet de replacer la réincarnation dans son contexte spirituel. Selon la tradition, le Bouddha Shâkyamuni raconta un peu plus de cinq cents de ses vies passées, ce que l'on appelle les Jatakas. Or il arriva qu'un jour un homme, ayant entendu dire que le Bouddha était le maître des trois temps – passé, présent, futur –, se présentât devant lui. « Vénérable Bouddha, lui dit-il après les prosternations d'usage, vous qui avez raconté en détail cinq cents de vos vies passés, pourriez-vous me dire ce que furent mes vies passées et ce que seront mes vies futures ? » L'homme fut au comble de la joie lorsqu'il entendit le Bouddha lui répondre que cela lui était très facile. Mais il fut bien dépité quand il entendit la suite de la réponse : « Il suffit de faire deux choses : considère ce que tu es, et tu sauras ce que tu as fait ; considère ce que tu fais, et tu sauras ce que tu seras. »
Le Bouddha et d'autres après lui ont souvent usé de métaphores pour parler des vies passées « aussi nombreuses que les étoiles dans le ciel [...] dont les ossements accumulés feraient des montagnes comparables au mont Mérou », c'est-à-dire à la montagne que la tradition décrit comme l'axe de l'Univers.

Les six mondes d'existence (peinture murale, monastère de Hémis, Ladakh).

Autant dire que le nombre des vies passées est incalculable. Selon cette logique, un individu est né un nombre infini de fois dans les six mondes d'existence (voir p. 95-99) avec un nombre tout aussi infini de situations différentes : vainqueur, vaincu, heureux, malheureux, puissant ou faible, etc. L'important n'est donc pas de savoir ce que l'on a été mais de comprendre pourquoi. Le principe de la réincarnation renvoie à celui de la responsabilité de ses actes, c'est le sens de la réponse du Bouddha.

À mesure que l'on progresse sur le chemin spirituel, l'ignorance de la nature fondamentale de l'esprit s'estompe, l'aliénation aux pulsions qui conduisent à la renaissance diminue. Pour le pratiquant du Théravada, le chemin qui conduit à l'état d'*arhat* passe par des étapes où l'obligation de renaissance diminue par un phénomène d'allégement et de clarification de l'esprit. Dans le Mahâyana, le chemin parcouru par le *bodhisattva* conduit à maîtriser la naissance. Selon les enseignements, c'est à compter du sixième ou du septième degré de réalisation spirituelle que cette maîtrise apparaît. Le *bodhisattva* a alors une connaissance claire de l'esprit et peut développer des moyens dits « habiles » (en sanskrit, *upāya*) qui lui confèrent la possibilité d'agir sur le monde phénoménal, comme de choisir son lieu de renaissance. C'est, entre autres, le cas des *trülkus** tibétains (voir p. 103) dont le Dalaï-Lama est le représentant le plus connu.

Le *karma*

Notre existence est le résultat d'actions dont nous avons été les auteurs, et la vie que l'on mène forme les causes de renaissances futures. Il n'y a donc pas de fatalité, dans le sens où l'on serait impuissant face à une force qui présiderait à notre destin. Au contraire, notre destinée tient entre nos seules mains, la force qui nous propulse d'une vie à l'autre n'étant que l'expression de nous-même.

Le mot *karma* est souvent employé pour évoquer la vie et la réincarnation. Or, la traduction stricte de ce mot n'est autre que « action ». Ce sont donc nos actes qui commandent nos vies. La réincarnation n'obéit pas non plus à une logique linéaire : les actes de la vie actuelle ne constituent pas le fondement de la prochaine existence. Le processus serait plutôt comparable à celui d'une banque où seraient entreposées toutes les causes et lorsque le compte « renaissance humaine » est plein, la renaissance humaine a lieu.

Les causes directes d'une renaissance ne sont pas tout. Il faut encore que les conditions de cette renaissance soient réunies. L'image la plus couramment employée est celle de la graine. Potentiellement, une graine a la possibilité de germer. De fait, elle ne germera que si les conditions extérieures qui lui sont favorables sont réunies : nature du sol, ensoleillement, humidité, température. Ces conditions sont elles aussi l'expression des actes passés. Il est donc possible de réunir les causes d'une naissance dans le monde humain, pour reprendre cet exemple, mais les conditions d'existence peuvent être favorables ou défavorables : naître dans un pays riche n'est pas comparable avec une naissance dans un pays pauvre ; naître dans une région rurale

Naître dépend de causes et de conditions.

n'est pas comparable avec une naissance dans une grande ville. Un grain de blé reste un grain de blé, mais il ne connaît pas le même sort selon qu'il est planté dans une oasis du Sahara, dans les terres noires de Russie, en Finlande ou dans les plaines centrales des États-Unis.

Tout ce qui constitue le contexte de notre existence, les amis ou les ennemis d'aujourd'hui, les parents, le pays où l'on vit ne sont par conséquent que l'expression momentanée d'un état de conscience qui a prévalu sur d'autres. Être Français, Chinois ou Malien signifie seulement que l'on a accumulé les causes pour renaître dans ces pays offrant des conditions appropriées à notre histoire personnelle. On parle alors d'un « *karma* collectif » qui réunit des êtres ayant rassemblé les mêmes conditions : vivre dans une démocratie ou dans une dictature signifie seulement que l'on a accumulé des éléments qui ne pourront s'épanouir que dans ces conditions extérieures. En un mot, l'esprit n'a pas de nationalité.

Il est possible aussi d'avoir réuni toutes les causes d'un talent particulier et de ne jamais pouvoir l'exprimer dans sa pleine mesure, faute d'être reconnu ou de bénéficier des conditions favorisant cette reconnaissance. Que l'on songe à un peintre comme Vincent Van Gogh dont le talent n'était apprécié que de quelques-uns et dont les tableaux se vendaient une bouchée de pain de son vivant, alors qu'aujourd'hui ils comptent parmi les plus chers du monde.

Le *karma*, c'est-à-dire le caractère indissociable qui existe entre la cause et l'effet se modifie avec la pratique spirituelle, dans le sens où ce qui est produit par les actions devient de plus en plus positif, donc propice à une meilleure pratique et, par conséquent, à l'éveil spirituel tout court.

Un support spirituel

Dans le Théravada, l'attention portée sur chacun des actes permet de développer une conscience pleine et entière de chaque instant. En arrière-plan, la connaissance du principe de la réincarnation et du *karma* entraîne une bonne assise de la pratique.

Dans le Mahâyana, pour lequel l'altruisme est une des clés de la vie spirituelle, la logique est mise à contribution de manière assez simple pour aider à la naissance de « l'esprit d'éveil », c'est-à-dire de l'aspiration à faire le bien d'autrui. Puisque le nombre de nos naissances est incalculable, tous les êtres ont été notre mère à un moment et nous avons été la mère de tous les êtres. Fort de cela, le pratiquant doit s'entraîner à étendre à tous l'amour maternel et l'amour filial qu'il a ressentis dans sa vie.

Un autre raisonnement logique peut être utilisé en prenant comme support le monde humain. Puisque nous y sommes nés un nombre illimité de fois, nous y avons nécessairement créé des familles dont les descendants peuvent vivre encore aujourd'hui. En bref, notre voisin, notre chef de service, notre facteur sont peut-être nos propres descendants ; il s'agit alors d'éprouver pour eux l'amour que nous avons pour nos enfants actuels.

Le principe de la réincarnation est donc un élément dynamique de la pensée bouddhiste. Perçue comme une évidence, un fait, la réincarnation doit stimuler le sens des responsabilités et pousser à agir en toute conscience. La responsabilité de nos actes nous incombe entièrement et nous sommes les seuls à pouvoir défaire ce qui a été fait.

Où renaître ?

Héritier de la conception indienne pour laquelle l'existence humaine n'est qu'une forme parmi d'autres, le bouddhisme retient de nombreux mondes dans lesquels vivent des êtres. On en compte six principaux : le monde infernal, le monde des esprits avides, le monde animal, le monde humain, le monde des dieux jaloux et le monde des dieux. Chacun de ces univers a des subdivisions, excepté le monde humain.

Le monde infernal

Les enfers, car il en existe des chauds, des froids, des « intermédiaires », ne sont que souffrance. Il est possible d'avoir un aperçu de ces mondes lorsque l'on ressent une grande souffrance physique ou morale : l'écoulement du temps n'est plus perceptible car nous sommes entièrement identifiés à notre souffrance, notre existence se résume à elle. La vie dans les enfers obéit au même phénomène : il n'existe aucune distance, aucun espace entre la souffrance extrême et l'existence. Les causes d'une naissance dans ces lieux sont multiples, mais le meurtre et le suicide sont les plus évidentes.

Les esprits avides

Les esprits avides souffrent du manque, un manque dévorant qui réduit leur existence à l'insatisfaction. Si d'aventure il y a satisfaction, elle n'est là que pour rappeler plus cruellement encore la sensation de manque. Une image largement reprise dans la culture tibétaine résume cette idée. Les êtres qui vivent ces tourments sont dotés d'un estomac énorme, d'un cou filiforme et d'une bouche comparable au chas d'une aiguille. Ils passent leur temps à chercher de quoi satisfaire leur faim. Que de la nourriture soit trouvée et l'introduire dans la bouche devient une torture ; le peu de nourriture qui parvient à entrer leur déchire le cou et lorsqu'elle arrive dans l'estomac, loin de les rassasier, elle n'est que le constat de la faim. Il est possible de percevoir que nous avons tous cette tendance à l'insatisfaction et de constater que parfois la souffrance qui en découle est immense. Ce monde des esprits avides en est le royaume par excellence.

Page de droite : masque de danse (Himalaya).

Les Enfers (détail), (peinture murale, Ghar Gompa, Mustang).

Le monde animal

Le monde animal nous est familier, il est régi par l'obéissance à des instincts. Si réflexion il y a, elle reste primaire. La dépendance de facteurs extérieurs sans pouvoir vraiment les modifier est une conséquence de cette réduction de la pensée, que l'animal soit sauvage ou non. Les animaux d'élevage, voués à l'abattoir, sont un exemple de cette ignorance : la main qui les nourrit est souvent celle qui les conduit à la mort, mais ils sont incapables de comprendre leur situation et ne cherchent donc pas à se protéger.

Le monde humain

Le monde humain, quant à lui, a ceci de spécifique qu'il est unitaire. Le Bouddha n'évoqua aucune différence entre les êtres humains, du moins s'il en reconnut, il affirma qu'elles n'étaient pas fondamentales : les différences entre les sexes, les

statuts sociaux, etc. ne reposent que sur des concepts superficiels. La volonté de posséder et la crainte de perdre sont le fondement du monde humain car l'attachement y est très fort.

Dieux et dieux jaloux

Les deux derniers mondes, celui des dieux jaloux et celui des dieux sont décrits de manière assez simple. Imaginons un monde, celui des dieux jaloux, dont la terre est fertile mais dont les fruits bénéficient à d'autres qu'à ceux qui la cultivent, en l'occurrence les dieux. Ils livrent donc des guerres incessantes et vaines aux dieux qui jouissent de tous les bienfaits, sans effort et pour un temps qui, aux yeux des autres êtres, peut paraître infini. C'est dans cette catégorie que le Bouddha plaça les dieux de l'hindouisme comme Brahmâ, Indra, Shiva et les autres.

Aux premiers, une jalousie irrépressible qui constitue l'alpha et l'oméga de leur existence, aux seconds une ignorance totale car leur identification avec un « soi » est facilitée par l'absence de souffrances et la réalisation de tous leurs souhaits. Ce n'est qu'au moment de leur mort que les dieux prennent conscience de leur réalité éphémère. Les images ne manquent pas pour décrire leur chute qui se déroule en peu de temps : leur décrépitude accompagnée d'une odeur nauséabonde les éloigne des autres dieux qui ne les reconnaissent plus et les rejettent. Une immense souffrance les envahit, et c'est avec un sentiment de peur, de solitude et de désarroi qu'ils affrontent la mort. Il est dit que cette souffrance est telle qu'elle peut créer les conditions idéales pour une renaissance dans les mondes infernaux.

Les dieux, puissants mais éphémères (miniature indienne).

Certaines situations vécues dans le monde humain peuvent donner un aperçu de ce que vivent ces dieux. Quoi de pire que de tout perdre alors que l'on croit tout avoir ? La puissance donnée par l'argent et le statut social semble permanente, mais qu'une crise économique arrive et, parfois en quelques jours, tout est perdu. Les amis d'hier s'éloignent puis disparaissent alors que l'on plonge dans une souffrance inimaginable il y a peu.

Impermanence et mort

La réflexion sur l'impermanence et la mort occupe une place centrale, au point que le Bouddha proclamait que s'il ne fallait méditer que sur un seul thème, ce serait celui-là. L'impermanence constitue l'un des fondements de notre mode de fonctionnement : de la pensée à la vie elle-même, tout est fugitif, autant « qu'une goutte de rosée sur un brin d'herbe », disent les enseignements. L'existence n'est donc qu'une succession de naissances et de morts, d'apparitions et de disparitions. Dans ce sens, la mort n'est pas l'opposé de la vie mais simplement l'une de ses expressions, l'opposé de la naissance, la fin d'une forme. Le savoir n'est cependant pas suffisant. Ce doit être un élément d'incitation à la pratique spirituelle.

Rôle dans la pratique

Tout d'abord, au début du cheminement, la réflexion sur l'impermanence et la mort permet de comprendre l'urgence à s'interroger sur le sens de l'existence. En effet, si l'on a la certitude que l'on mourra, on ne peut savoir quand. Il s'agit donc, dès à présent, de rendre cette vie fructueuse pour soi et pour autrui et de ne pas remettre à un lendemain de toute façon très hypothétique ce que l'on doit accomplir. Parce que, potentiellement, elle permet à chacun de s'ouvrir à l'autre et de contribuer à son mieux-être, la vie est particulièrement précieuse. C'est pourquoi elle doit être respectée et protégée, sous toutes ses formes.

Ensuite, une fois que l'on est engagé dans une pratique spirituelle, la pensée de la mort et de l'impermanence permet d'élargir notre champ de conscience : tout ce que l'on voit, ce que l'on perçoit change en permanence, ce n'est que le fonctionnement de notre esprit qui donne une durée. Ainsi, une goutte de pluie ne dure qu'un instant, pourtant son concept la rend solide et permanente. Il en est de même avec nos pensées : s'y agripper leur donne une densité qu'elles n'ont pas. Si l'on s'exerce à relâcher cette attitude, le monde apparaît plus fluide et la part de souffrance que l'on crée avec ce processus de cristallisation diminue. Le caractère double de la réalité transparaît : le monde est à la fois mouvant et solide. La pratique de la méditation joue un rôle important dans cette perception. Avoir réfléchi profondément au caractère éphémère de l'existence contribue, au moins, à apporter le calme intérieur, le mourant ne percevant pas sa fin physique comme « la fin » mais comme une expression de cette fluidité du monde.

La mort, un moment clé

Le moment de la mort et les jours qui suivent sont une clé de la vie spirituelle. Les conditions de ce changement d'état de conscience influent sur le processus qui suit la mort physique. Dans les enseignements, il est dit que même un pratiquant expérimenté peut éprouver de grandes difficultés à ce moment-là. En bref, une mort paisible entraîne un passage paisible, une mort dans la souffrance peut, au contraire, conduire à des réactions qui auront pour effet une renaissance moins heureuse. Pourquoi ? Parce qu'au moment de la mort, le changement de perception et l'absence de sensations physiques qui ont été nos repères pendant des années, peuvent laisser libre cours aux émotions les plus fortes. Si le ressenti de la mort est trop difficile à admettre, si l'on s'identifie trop aux sensations que l'on éprouve, elles seront comme un moteur qui propulsera l'esprit du mort dans un monde qui en sera le reflet.

On ne peut décider des conditions de sa mort. Pour l'aborder sereinement, il faut donc s'y habituer. « Le plus ancien compagnon de l'homme, c'est son cadavre », disait abruptement Nagârjuna, un maître indien du Mahâyana du Ier siècle après J.-C. Autant s'en faire un ami. Au Tibet, au XIe siècle, des moines de la lignée Kadampa avaient comme pratique de ranger leurs robes et leur bol le soir comme s'ils allaient mourir dans la nuit.

Lorsque l'on est confronté à la mort d'autrui, de ses proches, il est conseillé de ne pas susciter chez eux d'émotions développant l'attachement, car cela ne leur serait ni utile ni bénéfique. Pleurer à proximité devrait donc être évité le plus possible. La peine que l'on ressent est bien légitime et il ne faut

pas imaginer qu'elle épargne les mystiques. Ainsi, le maître tibétain Marpa (voir p. 74) eut-il un chagrin immense lorsque son fils Darmadodé mourut des suites d'un accident de cheval.

Au moment de la mort, la relation existant entre les éléments (terre, air, feu, eau, espace) qui formaient le corps change puis disparaît. La conscience est associée à ses éléments, il est donc conseillé de ne pas interférer dans la mutation qui se déroule : toucher le corps le moins possible, conserver le corps immobile le plus longtemps possible sont les recommandations à suivre. Passé un laps de temps variable – une moyenne de trois jours est souhaitable (en fait jusqu'à ce que les sanies s'écoulent) –, il est possible de disposer du corps car la conscience n'y réside plus, l'enveloppe est vide.

Le Bouddha dans la posture du mourant (grottes d'Ajanta, Inde).

Les rites n'ont pas été particulièrement prescrits par le Bouddha. De fait, dans le monde bouddhiste, ils varient d'une région à l'autre, d'une culture à l'autre. L'un des points communs est l'offrande de lumière, bougies ou lampes, pour donner symboliquement au défunt la clarté intérieure qui lui permettra d'aller vers une meilleure naissance. Des prières spéciales peuvent accompagner le mort ; en général, dans le Mahâyana, il s'agit de souhaits pour que le mort renaisse dans le domaine d'un *bodhisattva*. Il sera ainsi assuré de se libérer rapidement de l'emprise des liens qui rattachent à une existence ordinaire.

Dans le Vajrayana, il existe des yogas spécifiques liés à la mort, qui se sont particulièrement développés au Tibet. L'un d'eux, le « transfert de la conscience » (en tibétain, *powa*) est pratiqué, au moment de la mort, pour contrôler la conscience et ainsi renaître dans tel ou tel domaine spirituel, parfois associé à une « divinité », au sens bouddhiste du terme, ou à un *bodhisattva*, notamment celui de la compassion, Avalokiteshvara.

Offrir de la lumière pour éclairer le chemin.

Le cas particulier des *trülkus* tibétains

Le bouddhisme de rite tibétain fascine à bien des égards, surtout parce que l'on en ignore la réalité et parce que le Tibet a été érigé en mythe. L'un des éléments les plus étonnants aux yeux des Occidentaux est le phénomène des *trülkus*,

ces êtres réincarnés que les Chinois appellent à tort les « Bouddhas vivants ».
En fait, il existe deux grandes catégories différentes. Une fois engagés sur leur chemin spirituel, les apprentis *bodhisattvas* peuvent être suffisamment libérés des passions qui sont le moteur du cycle des naissances et des morts pour être à même de choisir leur naissance, là où ils poursuivront le mieux leur travail libérateur pour eux et pour autrui. La force de leur souhait peut avoir été suffisamment grande pour guider leur renaissance. Ces personnages sont ce que les Tibétains appellent des *yangsi*, que l'on pourrait traduire simplement par des « réincarnés ». Ils sont encore soumis aux règles du *karma*, mais leur pratique spirituelle a été assez ferme pour orienter leur réincarnation.
Le véritable *trülku* est légèrement différent et beaucoup plus rare. Textuellement, il s'agit d'un « corps d'émanation ». Les *bodhisattvas* du plus haut degré de réalisation spirituelle ont le pouvoir de se manifester un nombre de fois incalculable au même moment. Ces « émanations » prennent des formes infinies, adaptées aux situations et à l'aide qui doit être apportée. Elles existent dans le monde humain et dans les autres mondes.
Au Tibet, comme ailleurs dans l'univers du Mahâyana, cette théorie des émanations était connue, mais elle a trouvé une application particulière en y devenant une institution. Au XIIe siècle, alors que le bouddhisme s'installait durablement sur le haut plateau, l'un des chefs d'une lignée de transmission, le Karmapa, lui-même reconnu comme une manifestation du *bodhisattva* de la compassion Avalokiteshvara, annonça où et quand il reviendrait en qualité de Karmapa.

Dans les siècles qui suivirent, toutes les lignées eurent des *trülkus* en leur sein : manifestations d'Avalokiteshvara le compatissant, devenu le patron protecteur du Tibet, du *bodhisattva* de la connaissance suprême Manjushrî, de l'énergie spirituelle Vajrapâni, etc. Le plus célèbre d'entre eux est aujourd'hui le Dalaï-Lama, reconnu comme une manifestation d'Avalokiteshvara.

Le *trülku* est réputé annoncer avant sa mort quand, où et comment il se réincarnera. Une lettre ou des instructions orales sont laissées pour faciliter les recherches. Parfois, le maître ne donne aucune indication, c'est alors à d'autres de trouver les indices pour le découvrir.

Une des lettres les plus récentes a été rédigée par l'actuel dix-septième Karmapa pour permettre de retrouver la réincarnation du dixième Pawo Rinpoché (1912-1991), un éminent maître tibétain qui, malgré les suppliques des hauts dignitaires dont le Dalaï-Lama n'avait laissé aucune indication sur sa future incarnation, se contentant de dire que les signes permettant de la découvrir seraient suffisamment clairs pour qu'il n'y ait pas d'erreur (voir encadré, ci dessous).

« Au nord-est du temple de Tsurpu, près de la ville de Nagchu, vers le nord, vit une famille du Kham [une région du Tibet] dont le clan paternel porte un bon nom. La famille a dix membres, mais il n'est pas sûr qu'ils soient tous là. Pour reconnaître la maison, l'indice est que devant elle on voit un grand bâtiment rouge ressemblant à un temple dédié aux esprits *tsen*. Près de la maison se trouve un tas de pierres ou de rochers sculptés de *mani*. Le nom de la mère commence par la lettre *da*, le nom du père par la syllabe *lha*… »

Le dixième Pawo Rinpoché, *trülku* tibétain.

Dans ce cas comme pour les autres, une mission de recherche est envoyée avec les indications fournies par les prédictions. Il n'est pas rare que plusieurs enfants soient sélectionnés, soit par principe, soit parce qu'ils correspondent à une ou plusieurs informations données. Des tests de reconnaissance d'objets ou de personnes ont alors lieu, à l'issue desquels le candidat est choisi.

Le Dalaï-Lama, né en 1935, a évoqué les conditions de sa reconnaissance, le mieux est donc de lui laisser la parole. En 1938, les membres de la mission de recherche arrivèrent dans une maison correspondant à une vision qu'avait eue le régent du Tibet. « Cependant, ils ne révélèrent pas le but de leur visite, mais demandèrent simplement l'hospitalité pour la nuit. Leur chef, Kewtsang Rinpoché, se présenta comme un domestique et passa l'essentiel de la soirée à jouer avec le cadet des enfants [le futur Dalaï-Lama] qui le reconnut et cria : "Séra Lama, Séra Lama." Séra était le monastère de Kewtsang Rinpoché. Ils partirent le lendemain, mais pour revenir quelques jours plus tard, cette fois officiellement. Ils apportaient avec eux différents objets, dont certains avaient appartenu au treizième dalaï-lama. Interrogé, l'enfant les identifia sans se tromper, en disant : "C'est à moi, c'est à moi", ce qui convainquit plus ou moins les enquêteurs d'avoir trouvé ce qu'ils cherchaient. Avant d'être fixés, il leur restait toutefois à voir un autre candidat. Mais ils revinrent bientôt et apprirent à l'enfant qu'il était le nouveau dalaï-lama. Cet enfant, bien sûr, c'était moi[1]. »

Comme les monastères tibétains faisaient partie intégrante de la structure féodale – ils en étaient même une des clés –,

1. Dalaï-Lama, *Au loin la liberté*, Fayard, Paris, 1990, p. 25.

l'institution religieuse des *trülkus* est devenue une institution politique. En conséquence, la tentation fut forte de trouver le *trülku* du monastère dans telle famille influente et il est aujourd'hui évident que des manipulations ont eu lieu dans le seul but de conserver le pouvoir. Il est en effet troublant de voir que de nombreux *trülkus*, à l'exception du Dalaï-Lama, appartiennent aussi à des familles nobles.

L'occupation du Tibet par la Chine et l'exil forcé des grands religieux tibétains (1959) a bouleversé les données. Toutefois, le système des *trulküs* n'a pas été vraiment touché. Cependant, avec l'exil, l'Occident a eu l'occasion de découvrir les rivalités qui existaient au Tibet autour des reconnaissances. Ainsi en est-il du conflit sérieux qui divise l'une des lignées tibétaines à propos de son chef, le Karmapa, puisque deux Karmapas ont été reconnus, l'un par la grande majorité des Tibétains, dont le Dalaï-Lama, l'autre par une minorité dirigée par le neveu du précédent Karmapa, lui-même un *trülku*. La question qui vient naturellement à l'esprit est celle de la validité de ce système.

Le Dalaï-Lama en prière.

LE DÉFI DE L'OCCIDENT

Le bouddhisme est connu en Occident depuis que les Européens sont partis à la découverte et à la conquête du monde. Idées fausses, jugements de valeur, rumeurs en tout genre se sont répandus jusqu'au XIXe siècle, quand quelques sociétés savantes anglaises et françaises ont commencé à se pencher sérieusement sur l'archéologie, l'histoire et les cultures asiatiques.

Une rencontre délicate

Depuis les années 1960, l'arrivée de réfugiés du Sud-Est asiatique et du Tibet a permis un contact direct et la diffusion du bouddhisme parmi les populations jeunes des sociétés riches en quête de sens. Dès lors, différents problèmes ont naturellement surgi dont l'un, majeur, était celui des spécificités culturelles des différentes formes du bouddhisme.

Le discours du Bouddha était ancré dans la culture indienne, mais son propos spirituel se dégageait de ces conventions. La raison en était simple et paraît évidente : l'esprit, nous l'avons vu, n'a pas de nationalité, et son mode de fonctionnement est le même en Corée, au Brésil, au Tibet, en France ou aux États-Unis. Quand le bouddhisme est sorti de son berceau asiatique, un problème est apparu : l'enseignement du Bouddha s'adresse à l'homme mais sa forme s'étant adaptée aux régions du monde où il s'est diffusé, les Occidentaux doivent passer outre cette forme (grâce à laquelle ils ont pourtant accès aux enseignements) pour retrouver l'essence même de ce que le Bouddha a montré.

Si une partie des Occidentaux se satisfait des plis culturels asiatiques qui recouvrent l'enseignement originel, une autre partie ne trouve guère d'intérêt à s'embarrasser de ces traits qui n'ont parfois aucun sens en Occident. Le Théravada, le bouddhisme Mahâyana du Chan ou du Zen, qu'il soit chinois, vietnamien ou japonais, s'accommodent plutôt bien de cette transition entre l'Est et l'Ouest. Leur premier propos étant la méditation, le rite est limité à son strict minimum, et la confrontation avec la réalité de l'esprit est tout de suite d'actualité. Il en va autrement avec le bouddhisme de rite tibétain, peut-être parce que le Vajrayana y domine et que l'interpénétration entre le bouddhisme et les croyances locales y est profonde. Cependant, la tentation exotique peut être forte, tout comme l'attrait pour le merveilleux qui anime le mythe d'un Tibet fait de mystiques non-violents.

Des apports mutuels

La rencontre n'était donc pas très aisée. Pourtant, au fil du temps, et en attendant qu'un bouddhisme occidental prenne vraiment forme, on observe déjà des changements d'un grand intérêt. Ces changements ne touchent en rien le fond, qui au contraire est revalorisé, mais plutôt la forme.

Le premier est certainement la place donnée aux femmes. Dans l'univers asiatique, comme en Occident il y a encore peu, la femme était le plus souvent reléguée dans une position inférieure. Le système monastique a reproduit cette inégalité, mais les nonnes

Le centre bouddhiste de Karma Ling (Savoie, France).

occidentales, tout en restant respectueuses de la Parole du Bouddha, n'ont pas accepté d'être systématiquement mises en retrait. Un seul exemple : il a d'abord été question de construire des monastères d'hommes, certes plus nombreux, et le problème des monastères de femmes, à quelques exceptions près, reste entier.

Les choses ont évolué grâce aux maîtres eux-mêmes qui ont sciemment promu des femmes aux mêmes rangs que les hommes. Aujourd'hui, des nonnes de tous les Véhicules enseignent, y compris aux moines, et certaines ont acquis une réputation internationale, surtout dans le Vajrayana tibétain.

Un autre élément intéressant qui montre que le bouddhisme commence son intégration est la reconnaissance d'une maîtrise spirituelle aux Occidentaux. L'un des exemples les plus achevés est celui d'Ajahn Sumedho. Cet Américain attiré par le bouddhisme prononça les vœux monastiques en Thaïlande en 1966. Un an plus tard, assez peu satisfait de son parcours pourtant irréprochable, il partit à la rencontre d'Ajahn Chah (voir p. 68) qui devint son maître, et auprès duquel il demeura jusqu'en 1976. Il fut le premier moine occidental dirigeant un monastère en Thaïlande, et probablement dans tout le monde asiatique. De passage en Angleterre à l'invitation de l'organisation English Sangha Trust, il y fonda un premier monastère, puis le centre bouddhiste Amaravati (Hertfordshire) dont le rayonnement fut bientôt international. À la mort d'Ajahn Chah, en 1992, c'est à lui qu'échut la responsabilité de la direction des monastères dits « de la forêt ». En raison du principe que le don le plus beau est celui de l'enseignement, une partie de ses publications est parrainée par des donateurs et offerte aux personnes intéressées par le bouddhisme.

La place occupée par les laïcs est aussi intéressante. Dans le système traditionnel, hormis dans le Vajrayana, les laïcs ont toujours occupé une place marginale, laissant l'avant-scène aux moines. Or, en Occident, des laïcs sont non seulement le relais de maîtres, membres du Sangha, mais ils jouent également un rôle tel qu'on pourrait les qualifier eux aussi de maîtres. C'est le cas de Stephen Batchelor. Formé à l'origine dans le cadre du bouddhisme de rite tibétain, il est aujourd'hui un enseignant reconnu pour sa connaissance du Théravada et du Zen. Il transmet son expérience de la méditation, surtout dans les groupes laïcs du Théravada. Dans le Mahâyana, le maître zen Thich Nhat Hanh laisse aux laïcs une place importante en développant les groupes de l'Inter-Être, fondés sur une forme d'ordination laïque.

Drapeaux de prières (Tibet).

L'action sociale est aussi un élément novateur. Les pays bouddhistes ont rarement été des pays où la solidarité et l'innovation sociales ont été fortes, même ceux où le Mahâyana s'est le plus répandu. En Occident, en revanche, de nombreux groupes se sont formés, liés au Théravada notamment, et agissent auprès des populations marginalisées : personnes âgées, handicapés, prisonniers…

Enfin, mais ce point reste en chantier, le bouddhisme a rencontré la psychologie occidentale. Une réflexion, encore assez informelle, a lieu sur les relations existant entre les deux perceptions de l'homme. La difficulté qui subsiste est d'aller au-delà des concepts : la psychologie a développé des outils et des principes qui n'ont aucun équivalent strict dans le bouddhisme. Pourtant, le fait est que pour aller au bout du chemin spirituel, il est nécessaire d'avoir dénoué des plis anciens qui peuvent être du ressort de la psychologie plus que de la spiritualité dans un premier temps. Le dialogue et surtout la connaissance mutuelle sont donc d'actualité.

conclusion

Comme toutes les voies spirituelles, le bouddhisme s'intègre à tous les aspects de la vie. Il ne forme pas de jugements définitifs, il indique une direction et c'est à celui qui souhaite approfondir sa quête d'expérimenter la valeur du chemin.
Pour conclure, le mieux est peut-être de laisser la parole à la poésie, au chant mystique, tous deux indissociables du bouddhisme. Quelle que soit leur forme, leur vocation est la même : exprimer une expérience, un état. L'espace laissé par la forme, l'évocation plus que la démonstration sont autant d'outils pour conduire celui qui entend le poème à comprendre intimement une part de l'enseignement.
Le maître du Zen vietnamien Thich Nhat Hanh, dans son poème *État de non-grenouille*, exprime de manière simple et souriante ce qu'est l'esprit. Il illustre la situation que le pratiquant connaît lorsqu'il médite.

Le premier fruit de la pratique
est la réalisation de l'état de non-grenouille

Quand on pose une grenouille
au centre d'un plat,
elle sautera hors du plat
au bout de seulement quelques secondes.

Si tu poses de nouveau la grenouille
au centre du plat,
elle sautera de nouveau.

Tu as tellement de projets.
Il y a quelque chose que tu veux devenir.
Tu veux donc toujours faire un bond,
un bond en avant.

C'est difficile
de tenir la grenouille tranquille
au centre du plat.
Toi et moi
avons tous deux la nature de Bouddha en nous.
C'est encourageant,
mais toi et moi
avons tous deux la nature de Grenouille en nous.

C'est pourquoi
le premier fruit
de la pratique
s'appelle état de non-grenouille.[1]

Le bouddhisme Mahâyana Zen, héritier du Chan chinois, a aussi emprunté à la Chine la tradition du *koan*. Cette école se diffusa au Japon grâce au moine Eihei Dôgen (1200-1253) qui mit par écrit 300 *koans*. En voici un exemple :
Dongshan et Shenshan, deux maîtres du Chan chinois, au IXe siècle, étaient en pèlerinage lorsqu'ils virent des fanes de légumes emportés par un torrent de montagne. Dongshan s'adressa à son compagnon en lui faisant remarquer qu'il y avait probablement un ermite bouddhiste dans les parages.

1. Thich Nhat Hanh, *Une flèche, deux illusions*, Éditions Dzambala, Saint-Léon-sur-Vézère, 1998.

Tous deux se mirent à chercher et ils découvrirent effectivement un ermite.
Celui-ci leur dit : « Il n'y a pas de chemin dans cette montagne, par où mes deux visiteurs sont-ils venus ?
– Laissons cela, mais vous, par où êtes-vous arrivé ? répliqua Dongshan.
– Je n'ai suivi ni les nuages ni le courant de l'eau.
– Depuis combien de temps vivez-vous ici ?
– Je ne me préoccupe pas des années qui passent.
– Mais qui vivait là en premier, vous ou la montagne ? insista Dongshan.
– Je ne sais pas.
– Et pourquoi ne le savez-vous pas ?
Je ne suis venu ni pour les hommes ni pour les dieux.
– Pourquoi êtes-vous venu alors ?
– J'ai vu deux bœufs de glaise combattre et entrer dans la mer. Depuis, je ne les ai plus entendus[1]. »
L'absurdité apparente de ce dialogue renvoie à un autre dialogue, celui qui, selon la légende, se déroula entre Bodhidharma et l'empereur chinois Wu Di de la dynastie des Liang du Sud, vers 520. L'empereur reçut le maître de méditation et lui demanda quels étaient les mérites spirituels qu'il avait acquis en construisant des temples. « Aucun », répondit le maître indien. L'empereur repartit à l'assaut et demanda quel était l'enseignement fondamental du bouddhisme. « La vacuité immense », répliqua Bodhidharma. L'empereur, peu satisfait de cette réponse trop brève, lança : « Mais, qui ai-je donc face à moi ? » À quoi Bodhidharma répondit : « Je n'en ai aucune idée. »

1. Eihei Dôgen, *Shinji Shôbôgenzô*, 222e cas.

Discours des causes et des effets (détail), (temple Jobon Rendai-ji, Kyoto, Japon, VIIIe siècle).

Enfin, nous avons évoqué à plusieurs reprises la force du renoncement dans l'enseignement du Bouddha. Elle culmine avec les vœux monastiques. *Le Chant du renoncement* du maître tibétain Dja Chékhawa (voir p. 75) est une source d'inspiration pour tous les pratiquants. Il improvisa ce chant mystique juste avant de rendre son dernier souffle.

J'ai abandonné ma patrie,
mes amis, mes parents,
J'ai produit la vertu libre des entraves de l'attachement,
À la résidence du maître, j'ai pratiqué les actions vertueuses de l'écoute, de la réflexion et de la méditation.
Maintenant, bien que je meure, je n'ai aucun regret.

Je n'ai pas vénéré mes parents comme des dieux,
J'ai porté des haillons et gardé une place inférieure,
Je n'ai pas eu de mécontentement pour mes compagnons,
Je n'ai pas recherché la gloire et je n'ai pas amassé de richesses.
Maintenant, bien que je meure, je n'ai aucun regret.

J'ai évité les flatteries, les cérémonies et les rites,
Je n'ai pas vénéré mes bienfaiteurs comme des dieux,
Je n'ai pas accepté l'hospitalité des nonnes,
J'ai pratiqué la vie du Grand Sage.
Maintenant, bien que je meure, je n'ai aucun regret.

Je n'ai pas vénéré ni honoré ceux qui avaient beauté et richesses,
Je ne me suis pas lancé dans l'usure et le négoce,
Je n'ai pas construit de maisons ni de monastères.
Maintenant, bien que je meure, je n'ai aucun regret[1].

1. Traduction de l'auteur.

glossaire

ARHAT : « le noble », idéal de réalisation spirituelle pour le Théravada, l'*arhat* n'est plus lié au monde ordinaire que par son existence physique ; il atteint l'état de Bouddha, le plein éveil, à sa mort.

BODHI : l'éveil spirituel.

BODHISATTVA : « l'être d'éveil », celui qui, pour le Mahâyana, consacre son corps, sa parole et son esprit au bien d'autrui, ne concevant sa réalisation spirituelle que pour le bien des autres.

CALME MENTAL : une des deux principales techniques de méditation dont l'objectif est de détendre l'esprit au moyen de la concentration sur un objet, en général la respiration.

CHAN : enseignement du bouddhisme Mahâyana en Chine, insistant sur le rôle fondateur de la méditation.

COMPASSION : la considération de la souffrance d'autrui qui entraîne une action pour la soulager ; particulièrement importante pour le Mahâyana, les *bodhisattvas* en sont la manifestation.

CORBEILLES (trois) : première collection des enseignements du Bouddha divisés en Corbeilles des Discours et de la Discipline auxquelles s'est ajoutée plus tard celle de la Métaphysique (*abhidharma*).

DHARMA : l'enseignement spirituel, à la fois dans sa dimension ultime impossible à exprimer, et dans sa dimension relative transmise oralement et par écrit.

DISCIPLINE (*vinaya*) : l'éthique, la discipline personnelle, fondée sur la motivation spirituelle, qui accompagne le pratiquant au long du chemin. Les enseignements dits de la « Discipline » constituent l'une des trois Corbeilles et concernent les règles monastiques.

DISCOURS (*sutta*, *sutra*) : les enseignements publics délivrés par le Bouddha ; après sa mort, ils ont été rassemblés dans les trois Corbeilles et, à l'origine, étaient rédigés dans la langue pali. Les

Discours du Mahâyana ont été rédigés à l'aube de l'ère chrétienne en sanskrit.

INTERDÉPENDANCE : la relation de réciprocité qui unit tout ce qui existe. En percevant ce qu'est cette relation, il est possible d'aller au-delà de l'apparence et de comprendre intimement son caractère vide.

KADAMPA : lignée religieuse tibétaine fondée au XIe siècle, qui a mis à l'honneur les enseignements fondamentaux du Théravada et du Mahâyana.

KARMA : « l'action » physique, verbale ou mentale, la loi reliant les causes à leurs effets.

KOAN : petite histoire ou court raisonnement souvent absurde utilisés dans le Chan et le Zen pour aider le disciple à percevoir la nature de l'esprit.

MAHÂSIDDHA : le « Grand Accompli », celui qui, au moyen du Vajrayana réalise la nature pure de l'esprit. Les moyens utilisés dans ce Véhicule étant très variés, ces personnages peuvent avoir n'importe quelle activité sociale.

MAHÂYANA : le « Grand Véhicule », deuxième des trois Véhicules, insistant sur la compassion et le vide (Chine, Japon, Viêtnam surtout).

MANDALA : représentation symbolique, vue du ciel, du palais d'une « divinité », d'un aspect de l'esprit pur ; il s'agit de la représentation détaillée du champ de conscience de cet aspect. Les *mandalas* sont utilisés dans le Mahâyana et surtout dans le Vajrayana.

MANTRA : formule dont le sens est uniquement symbolique, en association avec une « divinité », c'est-à-dire un aspect de l'esprit pur. Les *mantras* sont utilisés dans le Mahâyana et surtout dans le Vajrayana.

PRATYEKA-BOUDDHA : le « Bouddha par lui-même », un des plus hauts degrés de réalisation spirituelle pour le Théravada. Selon le Mahâyana, cet état est limité car le chemin a été parcouru sans compassion.

SANGHA : la communauté spirituelle en général, la communauté monastique en particulier.

SHRAVAKA : à l'origine, « l'auditeur », celui qui a entendu directement le Bouddha enseigner. C'est un niveau de réalisation spirituelle équivalent à celui de l'*arhat*.

TANTRA : traité appartenant aux groupes des enseignements secrets attribués au Bouddha. Il en existe plusieurs catégories, mettant chacune en valeur un type de pratique plus ou moins intime associant des techniques mentales et physiques. Les *tantras* sont transmis dans le Vajrayana.

THÉRAVADA : « la doctrine des Anciens », le premier des Véhicules insistant sur les quatre Nobles Vérités et la discipline morale. Le système monastique y est important (Sri Lanka, Thaïlande, Birmanie surtout).

TRÜLKU : au Tibet, « corps d'émanation » ; personnage réputé être la manifestation d'un *bodhisattva*.

VAJRAYANA : le « Véhicule de diamant », branche ésotérique du Mahâyana où sont développées des techniques de yoga et de méditation spécifiques (Tibet, régions mongoles et Japon surtout).

VÉHICULE : système cohérent d'enseignements du Bouddha ; il en existe trois principaux : le Théravada, le Mahâyana et sa principale branche, le Vajrayana.

VISION PROFONDE : seconde des deux principales techniques de méditation dont l'objectif est de reconnaître la nature vide et spacieuse de l'esprit ; elle se pratique après avoir expérimenté la méditation du calme mental.

YOGA : par l'association de postures mentales et physiques, technique permettant de percevoir les liens existant entre le corps et l'esprit, et de contrôler ces liens. Traditionnellement, le yoga n'a qu'un but spirituel.

ZEN : nom donné au bouddhisme chinois Chan au Japon, qui s'est développé ensuite indépendamment au sein du Mahâyana.

Bibliographie

Les ouvrages traitant du bouddhisme sont innombrables. Cette bibliographie est donc très sommaire. Le choix s'est porté sur des ouvrages accessibles, tant pour leur contenu que pour leur édition récente. Trois ouvrages, dans la section sur les enseignements du Bouddha, sont cependant difficiles à trouver, ou assez hermétiques. Il était toutefois impossible de ne pas les citer tant ils sont importants ; nous les signalons par un astérisque.
Pour ce qui est des ouvrages sur la méditation, le choix s'est porté sur des livres comparables à des manuels, avec des exercices mais aussi des explications sur le cheminement spirituel lié à la méditation. Rappelons que ces ouvrages sont donnés à titre indicatif et que tout progrès ne peut se faire sans instructeur.
Sont absents de cette bibliographie des enseignements de grande qualité qui, selon le principe du don, sont mis à la disposition des personnes intéressées. Deux organisations possèdent des ouvrages particulièrement intéressants :
Amaravati Publications (liées au maître du Théravada Ajahn Sumedho)
Great Gaddesden, Hemel Hempstead, Hertfordshire HPI 3BZ, England.
http://www.amaravati.org
Éditions Vajra Yogini (tradition tibétaine), 81500 Marzens, France.
http://perso.wanadoo.fr/institut.vajra.yogini

Bouddhisme en général

Batchelor, M., *Rencontre avec des femmes remarquables*, Éditions Sully, Vannes, 2002.

Batchelor, St., *Le Bouddhisme libéré des croyances*, Bayard, Paris, 2004.

Brosse, J., *Le Bouddha. Sa vie et sa doctrine*, Éditions Pygmalion, Paris, 1997.

Chögyam Trungpa, *Le Mythe de la liberté et la voie de la méditation*, Le Seuil, Paris, 1979.

Chögyam Trungpa, *Pratique de la voie tibétaine*, Le Seuil, Paris, 1976.

Conze, E., *Le Bouddhisme*, Petite Bibliothèque Payot, Paris, 1952.

Dalaï-Lama, *Comment pratiquer le bouddhisme*, Plon, Paris, 2002.

Deshimaru, T., *Le Trésor du Zen, textes de Maître Dôgen*, Albin Michel, Paris, 2003.

Deshimaru, T., *L'Esprit du Ch'an : le Shin Jin Mei, aux sources chinoises du Zen*, Albin Michel, Paris, 2000.

Géshé Sonam Rinchen, *Les Huit Préceptes pour l'entraînement de l'esprit*, BDlys, 2003.

Gira, D., *Comprendre le bouddhisme*, Centurion, Paris, 1989 (ouvrage clair, rédigé par un catholique).

Harvey, P., *Bouddhisme. Enseignements, histoire et pratiques*, Le Seuil, Paris, 1993.

Khensour Jampa Tegchok, *Suivre l'exemple des bodhisattvas*, Vajra Yogini, Lavaur, 2002.

Murcott, S., *Bouddha et les femmes*, Albin Michel, Paris, 1997.

Nagârjuna, *Le Traité du milieu*, Le Seuil, Paris, 1998.

Pema Chodron, *Conseils d'une amie pour des temps difficiles*, Pocket, Paris, 2003.

Sablé, E., *Tsun Yun, le moine aux semelles de vent. Vie et paroles du dernier maître bouddhiste chinois*, Dervy, Paris, 2004.
Shantidéva, *Vivre en héros pour l'éveil*, Le Seuil, Paris, 2000 (un classique de la littérature du Mahâyana).
Sogyal, Rinpoché, *Le Livre tibétain de la Vie et de la Mort*, L.G.F. (Le Livre de Poche), Paris, 2005.
Suzuki, D., T., Essai sur le bouddhisme Zen, (3 vol.), Albin Michel, Paris, 2000 (un ouvrage classique sur le Zen).
Suzuki, D., T., *Le Rire, l'humour et le silence du Zen*, Le Courrier du Livre, Paris, 2005.
Thich Nhat Hanh, *Le Cœur des enseignements du Bouddha*, La Table Ronde, Paris, 2000.
Thich Nhat Hanh, *Une flèche, deux illusions*, éditions Dzambala, , Saint-Léon-sur-Vézère, 1998 (l'unique recueil de poèmes du maître zen vietnamien).
Tsultrim, Gyamtso, Khenpo, *Soleil de Sagesse. L'intelligence transcendante*, Yogi Ling, 2004.

Vie et enseignements du Bouddha

Bokar, Rinpoché, *Le Soutra du cœur*, Éditions Claire Lumière, 1999 (commentaire clair sur le discours le plus concis sur la vertu transcendante de la sagesse).
Coomaraswamy, A., K., *La Pensée de Gotama, le Bouddha*, Pardès, Puiseaux, 1999 (un ensemble classé par thèmes avec des extraits de discours du Théravada).
Dhammapada : La Voie du Bouddha, Le Seuil, Paris, 2004.
La Perfection de sagesse, Le Seuil, Paris, 1996.
Le Lalitavistara, l'histoire traditionnelle de la vie du Bouddha Çakyamuni, (trad. P. E. Foucaux), Les Deux Océans, Paris, rééd. 1988.

*Le Traité de la grande vertu de sagesse** (*Mahāprajñāparamitā-śāstrā ou °upadeśa*), (trad., notes, E. Lamotte), 4 vol., Institut orientaliste, Louvain, 1949, 1966-1976.

*Majjhima Nikāya, les moyens discours du Bouddha**, (trad. coll.), Les Deux Océans, Paris, 1988.

Nyanaponika, T., Hecker, H., *Les Grands Disciples du Bouddha*, (2 vol.) Éditions Claire Lumière, 1999.

Nyanatiloka, T., *La Parole du Bouddha*, Adrien Maisonneuve, Paris, 1949.

Rahula, W., *L'Enseignement du Bouddha d'après les textes les plus anciens*, Le Seuil, Paris, 2004.

Rewata, D., *Le Premier Enseignement du Bouddha*, Éditions Claire Lumière, 2003.

Schumann, H.-W., *Le Bouddha historique, l'époque, la vie et les enseignements de Gotama*, éditions Sully, Vannes, 1999 (un livre très clair donnant des informations historiques, sociales et culturelles sur la vie du Bouddha).

*The Long Discourses of The Bouddha, A Translation of the Dīgha Nikāya**, (trad. M., Walshe), Wisdom Publications, Boston, 1995.

Thich Nhat Hanh, *Sur les traces de Siddharta*, J.-C. Lattès, Paris, 1996 (les lecteurs anglophones préféreront certainement l'original de cet ouvrage retraçant la vie du Bouddha à partir des Discours : *Old Path, White Clouds, Walking In The Footsteps Of The Buddha*, Parallax Press, Berkeley, 1991).

Wijayaratna, M., *La Philosophie du Bouddha*, Éditions Lis, 1995.

Wijayaratna, M., *Le Bouddha et ses disciples*, Éditions Cerf, Paris, 1990.

WIJAYARATNA, M., *Les Entretiens du Bouddha*, Le Seuil, Paris, 2001.

LA MÉDITATION

BHANTE GUNARATANA, *Méditer au quotidien*, Marabout, Paris, 2003 (un guide pratique, clair et simple par un maître reconnu du Théravada).

DESHIMARU, T., *La Pratique du Zen*, Albin Michel, Paris, 1981.

SHENG, Y., *Confiance dans l'Esprit*, Éditions Dharma, 1997 (ouvrage d'un des plus importants maîtres contemporains du bouddhisme Chan).

SUSUKI, S., *Esprit Zen, Esprit Neuf*, Le Seuil, Paris, 1977.

THICH NHAT HANH, *La Vision profonde*, Albin Michel, Paris, 1995.

THICH NHAT HANH, *Transformation et guérison*, Albin Michel, Paris, 1997 (le commentaire d'un enseignement du Bouddha).

THICH NHAT HANH, *Un lotus s'épanouit. Manuel de méditation guidée*, Éditions Dzambala, 1998 (la méditation a ici la respiration pour support exclusif).

Crédits photographiques

pp. 6 © Leonard de Selva/Corbis, 9 © Photos12.com-Ann Ronan Picture Library, 11 © Leonard de Selva/Corbis, 12 © Sakamoto Photo Research Laboratory/Corbis, 14 © B.S.P.I./Corbis, 17 © Christophe Boisvieux/Hoa-Qui, 19 © Sakamoto Photo Research Laboratory/Corbis, 20 © Setboun/Corbis, 22 © J. Raga/zefa/Corbis, 26 © Roland & Sabrina Michaud/Rapho, 30 © Hans Silvester/Rapho, 32 © Charles & Josette Lenars/Corbis, 35 © Xinhua/Gamma, 38 © Olivier Föllmi/Rapho, 41 © J.-L. Dugast/Hoa-Qui, 42 © akg-images/Jean-Louis Nou, 43 © Olivier Föllmi/Rapho, 44 © Frank Schwere/Getty, 49 © Roland & Sabrina Michaud/Rapho, 52 © Jeremy Horner/Corbis, 54 © Owen Franken/Corbis, 58 © Matthias Kulka/zefa/Corbis, 60 © Bruno Morandi/Age Fotostock/Hoa-Qui, 62 © ML Sinibaldi/Corbis, 66 © Photos12.com-Oasis, 70 © Sakamoto Photo Research Laboratory/Corbis, 71 © DR, 73 © akg-images, 75 © Patrick Aventurier/Gamma, 78 © Eric Lobo/Hoa-Qui, 80 © Kaz Mori/Getty, 85 © Olivier Föllmi/Rapho, 87 © Lindsay Hebberd/Corbis, 90 © akg-images, 92 © David Sacks/Getty, 96 © Macduff Everton/Corbis, 97 © Olivier Föllmi/Rapho, 99 © Roland & Sabrina Michaud/Rapho, 102 © Lindsay Hebberd/Corbis, 103 © Mukunda Bogati/Zuma/Corbis, 105 © Matthieu Ricard/Rapho, 107 © David Turnley/Corbis, 109 © Michel Gounot/Sygma/Corbis, 111 © Olivier Föllmi/Rapho, 116 © Burstein Collection/Corbis, couverture © Patrick de Wilde/Hoa-Qui

Direction artistique : Véronique Podevin
Coordination éditoriale et recherche iconographique : Grégory Berthier-Gabrièle

Mise en pages : Nord Compo

Dépôt légal : avril 2006

Achevé d'imprimer : avril 2006

N° d'édition : 14015

Imprimé en France.